Bruno Schwengeler

Zur Sache: Ehescheidung – Wiederheirat

Bruno Schwengeler

Zur Sache:

Ehescheidung – Wiederheirat

Schwengeler-Verlag
CH-9442 Berneck

CIP-Titelaufnahme der Deutschen Bibliothek:

Schwengeler, Bruno:
Zur Sache: Ehescheidung, Wiederheirat/
Bruno Schwengeler. - Berneck: Schwengeler, 1989
(TELOS-Bücher; 2536: Wege zum Leben)
ISBN 3-85666-257-X
NE: GT

TELOS-Bücher
ISBN-Nr. 3-85666-257-X

TELOS-«Wege zum Leben»-Nr. 2536

Umschlag und Gesamtherstellung:
Cicero-Studio am Rosenberg, CH-9442 Berneck

Inhalt

Vorwort

Das Scheitern zahlreicher Ehen ist eine ernstzunehmende Tatsache. Ich brauche hier keine langen Statistiken über Ehescheidung und die vielen davon betroffenen Kinder aufzuführen. Die vielen zerrütteten Ehen und die hohe Zahl von Ehescheidungen sind letztlich immer eine Folge der Sünde. Sünde ist Gefangenschaft und Zeichen einer gestörten Beziehung zu Gott und den Mitmenschen. Doch hat Jesus Christus selbst eine klare Antwort auf das Problem der Sünde: sein vollbrachtes Erlösungswerk am Kreuz!

So ist unter vier bestimmten Gegebenheiten eine Wiederverheiratung nach dem Gesamtzeugnis der Bibel möglich. Diese seelsorglich zu begründen ist das Anliegen dieses Taschenbuches. Dabei möchte ich keinesfalls den Weg der Nachfolge verbreitern und mich dem äußeren Druck der Welt anpassen. Für bibelgläubige Christen ist die Ehe grundsätzlich unantastbar. Doch rechnet auch Gott selbst mit der Wirklichkeit der Sünde. Würden alle Menschen nach Gottes Willen leben, bräuchte es weder Parteien, Armeen noch eine Obrigkeit, die für Ruhe und Ordnung sorgt. Die Realität zeigt aber ein anderes Gesicht, und wir Christen sollten weder Heuchler sein noch einer Fata Morgana nachjagen.

Die Bibel redet selbstverständlich nicht positiv von der Ehescheidung, und Jesus Christus hat bei Untreue weder zur Scheidung aufgefordert noch eine Trennung empfohlen. Ganz im Gegensatz dazu unterstrich er immer wieder, daß die Ehe nach Gottes

Plan unauflösbar ist. Der Maßstab Gottes ist weitaus strenger als derjenige der Rabiner. Jesus erkannte keinen der Scheidungsgründe an, die die Rabiner aus 5. Mose 24,1 ableiteten. Er erlaubte eine Ehescheidung nur wegen sexueller Vergehen, ein Vergehen, das im alten Bund die Todesstrafe nach sich gezogen hätte. Nach dem Maßstab der Bibel liefert einzig und allein unerlaubte sexuelle Beziehung einen Grund, die Ehe aufzulösen. Mit dieser Ausnahme unterstreicht Jesus Christus, daß es nicht Ehebruch ist, wenn sich eine Person, deren Ehepartner untreu gewesen ist, scheiden läßt und allenfalls wieder heiratet. Damit wollte unser Herr sicher nicht die Scheidung wegen Unzucht fördern, sondern die Scheidung wegen anderer Gründe verbieten.

Viele Menschen leben fern von Gott. Bei einer großen Zahl von Ehen fragen weder Mann noch Frau danach, ob ihre Lebensgemeinschaft Gottes Willen entspricht; auch wollen sie in ihrer Ehe keineswegs Jesus Christus nachfolgen. Haben solche Menschen, wenn sie durch den Glauben an Jesus Christus Vergebung ihrer Schuld empfangen und im Frieden Gottes leben dürfen, keine Hoffnung auf ein neues Eheleben mehr?

Benedikt Peters danke ich für seine Erklärungen zu den hebräischen und griechischen Begriffen.

Der Autor

Ehe – wozu?

Beim Thema Ehescheidung und Wiederverheiratung müssen wir uns zuerst fragen, warum die Ehe von Gott überhaupt eingesetzt wurde. Aus der Blickrichtung von Eph. 5,32 dient sie als wundervolles Abbild der Liebe zwischen Christus und seiner Gemeinde. Aus alttestamentlicher und fundamentaler Blickrichtung können wir dazu feststellen, daß die Ehe grundsätzlich für den Menschen geschaffen wurde und nicht umgekehrt. «Es ist nicht gut, daß *der Mensch* allein sei; ich will ihm eine Gehilfin machen, die ihm entspricht!» (1. Mose 2,18). Die Ehe ist weder ein Sakrament (= Gnadenmittel) noch eine Institution. Es ist also eine irrige Auffassung zu glauben, der Mensch sei für die Ehe geschaffen und nicht die Ehe für den Menschen.

Ich möchte die Konsequenzen dieser Denkrichtung am Beispiel des Sabbats und anhand eines falschen Kirchenverständnisses aufzeigen:

Der Sabbat wurde ebenfalls grundsätzlich für den Menschen geschaffen, obwohl ihn Gott als heiligen Ruhetag streng schützte. Die Pharisäer jedoch dachten und handelten nach der irrigen Auffassung, der Mensch sei für den Sabbat geschaffen.

In Joh. 5 lernen wir einen gelähmten Mann kennen. Am Teich Bethesda lagerte dieser arme Mensch in der Hoffnung, eines Tages ins Wasser getragen zu werden. Doch niemand dachte daran, diesem Mann zu helfen. Seit 38 Jahren war er gelähmt – welch ein armseliges, hoffnungsloses Leben! Und nun kommt

Jesus und spricht zu ihm: «Steh auf, nimm dein Bett und wandle!» – «Und alsbald wurde der Mensch gesund...» (Joh. 5,9). Wer nun erwartet, daß die umstehenden Menschen mit großer Freude über diese Heilung erfaßt wurden, der täuscht sich; denn sofort maßregelten einige Juden den Geheilten, weil er am Sabbat sein Bett trug. Und es kam noch schlimmer: «Und deshalb verfolgten die Juden Jesus und suchten ihn zu töten, weil er solches am Sabbat getan hatte» (Joh. 5,16). Jahrelang kümmerte sich niemand um den gelähmten Menschen. Jetzt aber, nachdem Jesus seine Barmherzigkeit geoffenbart und ihn geheilt hatte, wußte man nichts anderes zu tun, als ihn scharf zu kritisieren! Jesus deckt in Mark. 2,27 den Grund dieses falschen Denkens und Handelns auf, indem er erklärt: «Der Sabbat ist um des Menschen willen gemacht, nicht der Mensch um des Sabbats willen!»

Wer diesen Satz fälschlicherweise umkehrt, der wandelt das Geschenk des Sabbats in ein Instrument der Knechtschaft um.

Ein anderes Beispiel: Für viele Katholiken ist ihre Kirche eine unantastbare Institution. Genauso unantastbar sind ihre Amtsträger, auch wenn diese ein sündhaftes Leben führen. Darum sieht manch ein Katholik zuerst das *Amt* des Papstes und nicht den *Menschen*. Päpste, die zum Beispiel während der Zeit Michelangelos ein lasterhaftes Leben führten, wurden zwar nicht einfach entschuldigt, aber als Amtsträger waren sie letztlich doch wieder unantastbar. Das Wort «Kirche» kommt aber von «kyrios» – «Herr» («kyriakä» – «zu Gott gehörig»). Kirche, das ist nicht eine Institution, sondern das sind Menschen, die zu Gott gehören. Kirche ist ein lebendiger

Organismus. Der einzelne kann sich nie hinter der Institution verbergen. Dieses falsche Sakraments- und Institutionsdenken beeinflußt auch viele Menschen in unserer Frage bezüglich Scheidung – Wiederverheiratung.

«*Als Jacqueline Kennedy Aristoteles Onassis heiratete, konnte sie das nicht nach römisch-katholischem Ritus tun; Onassis war bereits verheiratet und wieder geschieden. Als Orthodoxer hatte er seine Ehe aber nach dem Prinzip der Oikonomia aufheben lassen. Daher konnte er mit Jacqueline Kennedy nach dem Ritus der orthodoxen Kirche eine sakramentale Ehe eingehen. Da er somit nach dem Selbstverständnis der orthodoxen Kirche nicht im Stand der Sünde lebte, konnte er nach geltendem Recht bei einer katholischen Eucharistiefeier an der Kommunion teilnehmen. Jacqueline als Katholikin hingegen durfte das nach demselben Gesetz nicht.*» Was Gott sagt, ist hier überhaupt nicht gefragt. Ob der Mensch im Lichte der Bibel in Sünde lebt oder nicht, ist eine absolut zweitrangige Frage. Entscheidend ist einzig und allein, was die Institution, was das sakramentale Denken vorschreibt. Solch kaltes religiöses Denken führt immer in die Knechtschaft und Versklavung!

Die Ehe ist ein Geschenk Gottes an den Menschen: In 1. Mose 2,23 ruft Adam freudig aus, daß da nun Gebein von seinem Gebein und Fleisch von seinem Fleische sei. Man merkt es Adam richtig an, wie froh er über seinesgleichen, über ein echtes *Gegenüber,* seine andere Hälfte ist. Diese Freude entsprach dem Willen des Schöpfers. Und dann ereignete sich der Sündenfall. Die Sünde zog auch die Ehe in Mitleidenschaft. Trotzdem müssen wir am Grundgedanken festhalten, daß die Ehe für den Menschen geschaffen wurde und nicht der Mensch für die Ehe. Wer diesen Gedanken umkehrt, wandelt das Geschenk der Ehe ebenfalls in ein Instrument der Knechtschaft um.

Wenn Paulus nun in 1. Kor. 7 sag., er möchte, daß alle so blieben wie er - nämlich unverheiratet - dann sagt Paulus dies nicht deshalb, weil er ein Eunuch gewesen wäre oder etwas gegen die Ehe gehabt hätte, sondern aus einem mir sehr verständlichen Grund: Er denkt an Krieg, an Trübsal und die hier aktuell bevorstehende Verfolgung. Jeder Familienvater, der an solche Dinge denkt, kann Paulus gut verstehen. Wer einmal ein schwerkrankes Kind hatte, der weiß, wie Eltern und auch Geschwister leiden. Wer an die letzten Kriegs- und Nachkriegsjahre denkt, kann Paulus verstehen, wenn er empfiehlt, aufgrund der am Horizont aufziehenden Gewitterwolken der Verfolgung und des Leids lieber ledig zu bleiben, wegen der «leiblichen Trübsal, die ich euch gerne ersparen möchte» (1. Kor. 7,28).

Doch Paulus spricht auch ganz deutlich und nüchtern aus, daß ein Mensch, der großes Verlangen nach dem anderen Geschlecht hat, heiraten soll. Auch Paulus war sich bewußt, daß die Ehe für den Menschen geschaffen war und nicht umgekehrt.

Merken wir uns also diesen ersten wichtigen Grundsatz: *Die Ehe wurde um des Menschen willen geschaffen!*

Verlassen - Anhangen

Die zweite Frage, die wir zusammen bewegen müssen, ist: Wie kommt die Ehe überhaupt zustande?

Die grundsätzliche Definition finden wir im 1. Buch Mose: «Darum wird der Mensch seinen Vater und seine Mutter verlassen und seinem Weibe anhangen, daß sie zu einem Fleische werden» (2, 24).

Zuerst kommt es zu einem Akt des Verlassens und Anhangens. Dies war stets ein öffentlich-rechtlicher Akt. Zur Zeit der alten Patriarchen gründete die Ehe auf dem «Mohar», dem Rechtsgeschäft zur Zahlung eines Ehegeldes an den rechtlichen Vertreter der Braut (1. Mose 34,11f; 2. Mose 22,15f.; 5. Mose 22,28f.). An die Stelle der Zahlung des Ehegeldes konnte auch eine Dienstleistung treten, wie es bei Jakob im Hause Labans der Fall war (1. Mose 29), oder eine erfolgreiche kriegerische Leistung («Kaleb sprach: Wer Kirjat-Sepher schlägt und erobert, dem will ich meine Tochter Achsa zum Eheweib geben!» (Josua 15,16).

Wenn nun dieses Rechtsgeschäft abgeschlossen war, folgte die «Haknasah», die Heimholung der Braut (1. Mose 24,67; Ruth 4,11). Bei dieser altjüdischen Hochzeitssitte könnte man die Eltern des Paares mit dem heutigen Standesamt und die mitfeiernden Dorfbewohner mit den Trauzeugen vergleichen. Als Christen können wir dafür dankbar sein, daß unsere Gesellschaftsordnung (noch?) die öffentlichrechtliche Einrichtung des Standesamtes kennt, was den Akt des Verlassens und Anhangens noch verdeutlicht. Natürlich macht der standesamtliche Trauschein keine Ehe aus, er hat auch keinen Einfluß auf das eigentliche Wesen der Ehe, doch ist die öffentlich-rechtliche Eheschließung in unserer Zeit der bürgerlich-gesetzliche Ausdruck (vgl. auch Röm. 13) dieses Verlassens und Anhangens, von dem 1. Mose 2 spricht.

In Ländern, in denen solche Einrichtungen nicht bestehen oder wo es staatlich geduldete Einrichtungen gibt, die dieses Verlassen und Anhangen nicht in biblischer Weise zum Ausdruck bringen (z.B. der Frauenmarkt in Marokko, wo nach einem Jahr die Ehefrau wieder «abgeliefert» werden kann), gilt es danach zu trachten, daß zwei Eheleute ihr Verlassen und Anhangen in einer anderen Form öffentlich zum Ausdruck bringen. Gott gebietet also nicht grundsätzlich ein staatliches Standesamt, sondern einen gültigen öffentlichen Ausdruck des Verlassens und Anhangens.

Anschließend kommt als letzter Akt des Ehevollzugs das Ein-Fleisch-Werden. Verlassen und Anhangen wie auch Ein-Fleisch-Werden gehören unzertrennlich zur Entstehung einer Ehegemeinschaft. Wir haben schon erwähnt, daß Sünde zerstört und *trennt.* So trennt die Sünde auch häufig das Ein-Fleisch-Werden (Geschlechtsverkehr) vom Verlassen und Anhangen. Wie urteilt nun Gott darüber?

Außerehelicher Geschlechtsverkehr ist «unrechtmäßiger» Ehevollzug

Im Alten Testament können wir deutlich sehen, daß Gott dieses Ein-Fleisch-Werden als Ehevollzug sieht, auch wenn es ohne Verlassen und Anhangen begangen wurde; allerdings sieht Gott diesen Ehevollzug als Sünde an (weil eben das Verlassen und Anhangen als öffentlich-rechtlicher Akt und damit - vor allem für die Frau - als Schutz der Ehegemeinschaft außer acht gelassen wird).

Geschlechtsverkehr ohne Verlassen und Anhangen sieht Gott als mißbrauchte Ehe an, als etwas, was man sich nimmt, ohne daß es einem zusteht. Diesen Sachverhalt könnte man mit einem Menschen vergleichen, der mit drei verschiedenen Firmen einen Arbeitsvertrag abschließt und sich von jeder Firma das Jahresgehalt im voraus auszahlen läßt. Er nimmt sich etwas, was ihm nicht zusteht; weil er die Verpflichtungen gar nicht erfüllen kann.

Daher ist mit Geschlechtsverkehr stets eine große Verantwortung verbunden: In 5. Mose 22,13 ff. befiehlt Gott eindeutig, daß ein Mann, der ein Mädchen entjungfert, dem Vater den Brautpreis zu zahlen und das Mädchen zu heiraten hat (auch wenn er selbst bereits verheiratet war). Er konnte das Mädchen sein Leben lang nicht mehr verstoßen, sondern mußte es versorgen. Gott entschied hier also zwischen zwei Übeln nach einer begangenen Sünde - die ja stets Not und keine dem Willen Gottes entsprechende gute Situation hervorruft – und Gott entschied klar und deutlich *für die Frau* (die ja als verstoßene Nicht-Jungfrau kaum Chancen zu einem Leben in Geborgenheit gehabt hätte). Die daraus resultierende Polygamie entspricht nicht dem Willen Gottes, er duldete sie aber als kleineres Übel – hier können wir auch eine Antwort auf die Toleranz Gottes gegenüber der Polygamie Davids, Jakobs und anderer Gottesmänner finden.

Merken wir uns diesen zweiten wichtigen Punkt: *Geschlechtsverkehr ist «unrechtmäßiger» Ehevollzug oder Hurerei! Geschlechtsverkehr ohne öffentlich-rechtliches Verlassen und Anhangen ist sündhafter Ehevollzug!*

Hochzeit ohne Trauschein?

Wir haben gesehen, wie nach Gottes Gedanken eine Ehe zustandekommen soll: durch öffentlich-rechtliches Verlassen und Anhangen (selbstverständlich mit der entsprechenden inneren Gesinnung von Verlassen und Anhangen; vgl. dazu: «Partnerwahl für Christen», TELOS Nr. 2528, S. 18–25) und durch das Ein-Fleisch-Werden. Dies stellt die Grundlage der Ehe dar, die *für den Menschen* geschaffen ist. Ein christliches Ehepaar möchte seine Ehe darüberhinaus auf einer bedeutungsvolleren Ebene leben, nämlich nach Eph. 5,32 soll ihre gegenseitige Liebe ein deutliches Abbild der Liebe sein, die Christus und seine Gemeinde miteinander verbindet. Ein «großes Geheimnis» nennt es Paulus. Daher und nur von daher hat auch eine hochzeitliche Feier in einer christlichen Gemeinde ihre Existenzberechtigung. Wenn zwei Menschen öffentlich-rechtlich (z.B. auf dem Standesamt) ihre Ehe geschlossen haben, dann werden sie nicht erst in einer christlichen Gemeindefeier «getraut» (sie sind es ja nach dem Standesamt bereits!), sondern hier bezeugen sie, daß ihre Ehe nach dem Gedanken von Eph. 5,32 gestaltet werden soll. Die Gemeinde wird für dieses Gelingen gemeinsam einstehen und dafür beten. Daher ist es völlig bedeutungslos, wenn zwei ungläubige Menschen der standesamtlichen Trauung noch eine «kirchliche» folgen lassen.

Eine hochzeitliche Feier im Rahmen einer christlichen Gemeinde macht also nicht die grundsätzliche

Ehe aus. Daher ist der Bibel auch jegliches Sakramentsdenken in bezug auf die Ehe fremd. Nirgendwo zeigt uns Gottes Wort, daß die Eheschließung mit einer mystischen Gnadengabe verbunden wäre, im Sinne eines Sakraments, das man durch die Vermittlung eines bevollmächtigten Priesters empfangen hat. Daher ist eine Ehe gültig, wenn das öffentlichrechtliche Verlassen und Anhangen und das intime Ein-Fleisch-Werden vollzogen wurden - mit oder ohne kirchlichen Segen! Eine andere Auffassung kennt die Bibel nicht.

Gehen zwei Menschen eine Ehegemeinschaft ein, sollen sie dies nicht verheimlichen, sondern auch öffentlich bekennen. Wir finden in der Bibel manche Berichte, wie Hochzeit gefeiert wurde und der Bräutigam seine Braut zu sich holte. Am bekanntesten ist sicher das Gleichnis von den zehn Jungfrauen in Matth. 25 und der Bericht über die Hochzeitsfeier zu Kana im Johannesevangelium. (vgl. aber auch: Rcht. 14,11; Jes. 61,10; 1. Mose 29,27; 1. Mose 24,65 u.a.) Dieses öffentliche Zueinanderstehen schenkt letztlich Geborgenheit, und nach dem Willen Gottes soll ja der Mann für die Frau sorgen und sie beschützen.

Ehebruch

Verlassen, Anhangen, Ein-Fleisch-Werden – dadurch fügt Gott zwei Menschen zu einer Ehegemeinschaft zusammen. «Was nun Gott zusammengefügt hat», sagt Jesus in Matth. 19,6, «das soll der Mensch nicht scheiden»; denn auch dies wäre wiederum Sünde, die Not und Elend mit sich bringt (die Schicksale scheidungsgeschädigter Kinder sprechen heutzutage ja für sich).

Daher zeigt nun auch das AT deutlich auf, daß ein Mensch, der mit einem anderen Partner als dem eigenen Geschlechtsverkehr betreibt, eine weitere Ehe vollzieht (etwas nimmt, was ihm nicht zusteht) und somit das ursprünglich «Zusammengefügte» zerbricht. Auch ein lediger Mann, der mit einer verheirateten oder verlobten Frau intim wurde, machte sich derselben Sünde schuldig. Das Verwerfliche eines solchen Handelns wird dann auch daran deutlich, daß solch eine Tat mit Steinigung geahndet werden mußte (5. Mose 22). Bei Vergewaltigung traf die Frau natürlich keine Schuld und Strafe (Vers 26).

Gott haßt folglich Ehescheidung (die stets im «Geschlechtsverkehr mit einem anderen Partner als dem eigenen» zum Ausdruck kam). Doch, wie wir bereits gesehen haben, schuf Gott den Menschen nicht für die Ehe, sondern die Ehe für den Menschen. Daher gab Gott dem Menschen auch einen Schutz, wenn sich in der Ehegemeinschaft infolge von Sünde katastrophale Folgen abzeichneten: Gott gestattete die Ausstellung eines Scheidebriefs (5. Mose 24,1) –

nicht weil dies in seinem Sinne liegt, sondern wegen «der Härtigkeit eures Herzens» (Matth. 19,8). In 5. Mose 24 geht es wahrscheinlich darum, daß ein Mann nach der Eheschließung feststellte, daß seine Frau keine Jungfrau mehr war. Wegen der «Härtigkeit des Herzens» war vorauszusehen, daß diese Verbindung eine Qual für die Frau zu werden drohte. Daher erlaubte Gott die Ausstellung eines Scheidebriefs; denn die Abscheu des Juden gegenüber außerehelichem Geschlechtsverkehr war bis zu einem gewissen Grad verständlich und gerechtfertigt (daß die meisten Juden aber den Begriff der Vergebung noch nicht erfaßt haben, wird später noch deutlich gemacht – hier liegt auch der Bereich der «Herzenshärtigkeit»). Jesus wendet sich in Matth. 19 daher vor allem gegen die mißbräuchliche Handhabung des Scheidebriefs, der beispielsweise schon ausgestellt wurde, wenn eine Frau nicht zufriedenstellend kochte.

In Matth. 19,9 und Matth. 5,32 führt Jesus «Ehebruch» («Unzucht» – «porneia») als Scheidungsgrund an. Interessant ist in diesem Zusammenhang, daß er in Matth. 5 ausdrückt, daß ein Mann, der seine Frau unrechtmäßig entläßt, macht, daß *sie (die Frau)* die Ehe bricht. Warum? Weil eine Frau damals unweigerlich wieder heiraten mußte, um recht versorgt zu sein. Da das Entlassen der Frau aufgrund dessen, deren Wiederheirat einschloß, machte der Mann, der seine Frau unrechtmäßig (nicht wegen Ehebruch) entließ, auch automatisch, daß sie die Ehe brach.

Gründliche Betrachtung und Erklärung zu Matth. 19: siehe Anhang A.

Im Alten Testament war ja Ehescheidung ein Vorrecht des Mannes (5. Mose 24,1). Scheidebriefe wurden wie bereits erwähnt oft aus fadenscheinigen und heuchlerischen Gründen ausgestellt. Die entlassene Frau kehrte dann in der Regel in ihr Elternhaus zurück (3. Mose 22,13) um wieder zu heiraten. Im Alten Testament war die Ehe eine Selbstverständlichkeit und für die Frau fast die einzige Lebensmöglichkeit. Interessant ist nun, daß nach 5. Mose 24,4 der Mann, der die Frau hinausgestoßen hatte, sie später nicht wieder heiraten durfte. (Offensichtlich merkte manch einer, daß er seine Frau zu Unrecht verstoßen und er mit einer anderen Frau auch nicht das «große Los» gezogen hatte.)

Frauen sind zweifellos oft in entwürdigende Situationen hineingestoßen worden. Wer um diese Not weiß, versteht sicher auch den Text in Joh. 4 etwas besser. Die Frau, die dort am Brunnen von Jesus ins Licht gestellt wurde und dann auch bekennen mußte, daß sie fünf Männer gehabt hatte und der sechste auch nicht ihr richtiger Mann war, wird von uns leicht als «Schlampe» und liederliche Person hingestellt. Sicher war sie eine von Sünde gezeichnete Frau; ein Mensch ohne Sinn und Ziel – an Leib, Geist und Seele verwundet. Vielleicht wurde sie aber auch einfach von ein paar Männern ausgenutzt und später mit lieblosen und heuchlerischen Argumenten hinausgestoßen, sodaß sie immer tiefer sank. Jesus zeigte ihr in seiner Liebe, daß im Reiche Gottes andere Maßstäbe gelten und gab ihr eine echte Chance zur Umkehr. Auf diese neuen geistlichen Maßstäbe Jesu möchte ich im Sinne einer Prophylaxe später noch eingehen.

Wiederheirat auf neutestamentlicher Grundlage

1. Ehebruch

Wenn es ein unrechtmäßiges Entlassen gibt, gibt es auch ein «rechtmäßiges». Jesus nennt den rechtmäßigen Grund des Entlassens: Unzucht (Ehebruch), d.h. nichts anderes als außerehelicher Geschlechtsverkehr. Wie wir bereits gesehen haben, wird dadurch das ursprünglich «Zusammengefügte» sündhaft zerstört. Ist ein Organismus zerstört, so besitzt er kein Leben mehr, er ist «tot». In diesem Zusammenhang sollten wir uns auch daran erinnern, daß die Bibel ungläubige, gottlose Menschen als «tot» bezeichnet (Eph. 2,1). Und die Bibel nennt gleichzeitig das «ehebrecherische Geschlecht» (Matth. 12,29; Mark. 8,38). Als das Volk Israel Götzen anbetete, verdeutlichte Gott, daß sein Volk geistlichen Ehebruch (Jer. 2,2; 3,6ff; Hes. 16,15ff.; Hos. 2,4f.) betrieb (Götzendienst und leiblicher Ehebruch zogen daher auch die Todesstrafe nach sich). Ein ungläubiger, gottloser Mensch besitzt also nach dem Urteil Gottes kein geistliches Leben und wird von Gott für «tot» erklärt. Ein Mensch, der Ehebruch begeht, ist in bezug auf die Ehegemeinschaft genauso «ehelich tot» für seinen Partner, weil er das ursprünglich Zusammengefügte zerstörte, indem er eine weitere Ehe leiblich vollzog (das gilt für jeglichen außerehelichen Geschlechtsverkehr, auch den mit einer Prostituierten – 1. Kor. 6,16).

Dieses Bild harmoniert auch mit dem zweiten Grund für eine mögliche Wiederheirat:

2. Leiblicher Tod

Römer 7,2+3: «Denn die verheiratete Frau ist durchs Gesetz an ihren Mann gebunden, solange er lebt; wenn aber der Mann stirbt, so ist sie von dem Gesetz des Mannes befreit. So wird sie nun bei Lebzeiten des Mannes eine Ehebrecherin genannt, wenn sie einem andern Manne zu eigen wird; stirbt aber der Mann, so ist sie vom Gesetze frei, so daß sie keine Ehebrecherin ist, wenn sie einem andern Manne zu eigen wird.» So hat sich Gott das natürliche Ende einer Ehegemeinschaft gedacht: den leiblichen Tod eines Ehepartners. Dadurch ist die Ehe völlig aufgehoben (keine sakramentalen Bindungen zum Jenseits etc.!).

Die Sünde des Ehebruchs führt also zu einer tragischen Folge: dem Tod der Ehe zu Lebzeiten der Partner. Daß es ein natürliches Ende für die Ehe gibt (Röm. 7,2) heißt ja nicht, daß es nicht auch ein katastrophales, unnatürliches Ende geben kann (nämlich durch Ehebruch).

Ein Beispiel: Man könnte sagen, das «natürliche» Ende eines Autos sei beispielsweise nach 15 Jahren, infolge Abnutzung. Solange kann ich mich meines Autos bedienen. Das heißt aber nicht, daß es nicht eine frühere «Trennung» geben kann, wenn ich beispielsweise wegen Trunkenheit am Steuer mein Auto gegen einen Baum steuere. Die Verbindung zu meinem Auto wird aufgrund meiner «Sünde» ein jähes (absolut nicht natürliches) Ende finden.

Wird eine Ehe infolge von Ehebruch von Gott als «tot» erklärt, dann gibt es nicht nur die Möglichkeit der Scheidung, sondern – und dies geht aus dem Kontext von Matth. 19,9 und Matth. 5,32 eindeutig hervor – automatisch die Möglichkeit der

Wiederverheiratung des «unschuldig» («unschuldig» nicht im Sinne von «perfekt», denn in einer Ehe wird man immer am andern schuldig werden) geschiedenen Partners. Wenn Jesus sagt «... außer wegen Unzucht ... entläßt», dann heißt dies auch immer «... außer wegen Unzucht ... eine andere heiratet».

Gibt es noch andere Scheidungsgründe, außer leiblichen Tod oder Tod der Ehe wegen Unzucht?

3. Will sich der Ungläubige scheiden lassen...

Im Alten wie im Neuen Testament wird noch ein weiterer, folgenschwerer Bereich angesprochen: Im Alten Testament ist es die Verbindung der Israeliten mit ungläubigen, götzendienerischen Völkern. Gott befiehlt dort Scheidung aufgrund der geistlichen Unmöglichkeit der Verbindungen (Esra 9+10).

Im Neuen Testament lesen wir in 1. Kor. 7,12 ff.: «Wenn ein Bruder eine ungläubige Frau hat, und diese ist einverstanden, bei ihm zu wohnen, so soll er sie nicht verstoßen; und wenn eine Frau einen ungläubigen Mann hat, und dieser ist einverstanden, bei ihr zu wohnen, so soll sie den Mann nicht verlassen... Will sich aber der ungläubige Teil scheiden, so scheide er! Der Bruder oder die Schwester ist in solchen Fällen nicht gebunden.»

In einer Ehegemeinschaft wird nun also ein Teil an Jesus Christus gläubig. Akzeptiert dies der andere Teil und will die Ehe weiterhin aufrechterhalten (auch wenn er sich nie bekehrt), dann darf sich der gläubige Teil keinesfalls vom ungläubigen trennen. Verstößt der ungläubige Partner allerdings seinen gläubig gewordenen Gefährten (dies kann natürlich auch in Form von gewalttätigem Druck geschehen, mit dem Ziel, den gläubigen Partner vom Weg der Nachfolge abzubringen), dann kann der gläubige Partner gehen. Er ist «frei», «nicht gebunden». Mit diesem Wort «nicht gebunden» wird die Beziehung eines Sklaven zu seinem Herrn angesprochen. Ein Sklave, der losgekauft wurde oder der selbst sein Lösegeld bezahlen konnte, war nicht mehr gebunden, der war frei, die erste Beziehung war nicht mehr existent.

Es ist aber der Bruder oder die Schwester nicht gebunden

Die Grundfrage ist, ob Paulus mit der Zusage der Befreiung vom ehelichen Band auch die Freiheit neu zu heiraten einschloß. Waren der Bruder oder die Schwester - die an der Scheidung unschuldig waren - nur frei *von* der einseitig nicht mehr gewünschten Ehe, oder waren sie auch frei *zu* einer neuen Ehe.

Der griechische Ausdruck an dieser Stelle lautet: *ou dedoulotai*, «er (sie) ist nicht geknechtet», oder «steht nicht in der Dienstverpflichtung». Das Verb *douloo* bedeutet «zum Knecht, Sklaven machen». Hier steht es in passivischer Bedeutung im Perfekt: «zum Knecht gemacht». Wenn nun also der ungläubige Teil auf Auflösung der Ehe bestand, war der Gläubige nicht mehr gezwungen, seine eheliche Dienstpflicht weiterhin zu erfüllen; er wurde aus dem «Dienstverhältnis» entlassen; er war nicht wie ein Sklave an einen willkürlichen Herrn daran gebunden.

Hilft uns nun die Schrift irgendwie weiter, wenn wir fragen, ob der Entbundene ein neues Verhältnis knüpfen durfte oder nicht. Nun fragen wir uns gewiß einmal, warum denn der Apostel die zunächst überraschende Wendung *dedoulotai* gebraucht, zumal er am Ende des Kapitels ein anderes Verb verwendet, wenn er sagt: «Ein Mann ist gebunden so lange Zeit ihr Mann lebt» (Vers 39). Hier nun steht *dedetai*, ein mediales (bedeutungsmäßig passivisches) Perfekt des Verbums *deo*, binden. Das ist ein weit weniger schroffer Ausdruck als das harte *dedoulotai*. Wollte Paulus nicht folgendes sagen: In der Ehe ist der Partner nicht wie ein Sklave an einen skrupellosen Meister auf Gedeih und Verderb gebunden: *ou dedoulotai*. In der christlichen Ehe aber sind Mann und Frau in Liebe miteinander *verbunden*, aneinander gebunden?

Ersterer Ausdruck will doch wohl sagen, daß zum Wesen der Ehe so sehr das Dauerhafte gehört, mechanistisch Versklavendes ihr fremd ist.

Dann aber fragen wir weiter, ob damit nicht *implizit* gesagt sei, daß der Bruder eben frei sei zu heiraten, denn sonst wäre er ja mindestens teilweise noch ein Sklave des alten Verhältnisses. Wirklich aus der Sklaverei befreit wäre er doch erst, wenn er eine neue, diesmal gesegnetere Verbindung eingehen könnte. Und genau das sagt doch Paulus: Du bist nicht mehr wie ein Knecht gebunden.

Das ergäbe sich auch aus der Analogie anderer Stellen, in denen Paulus von Befreiung aus Sklaverei spricht: «Gott aber sei Dank, daß ihr *douloi*, Sklaven, der Sünde wart... Freigemacht aber von der Sünde *edoulothäte*, seid ihr zu Sklaven gemacht worden, der Gerechtigkeit» (Römer 6,17+18). Er verwendet hier das gleiche Verbum *douloo* wie in 1. Korinther 7. Das gilt auch für die nachfolgenden Verse 20 und 21: aus der Knechtschaft der Sünde entlassen, wird der Errettete ein Knecht Gottes.

Es könnte an dieser Stelle auch gefragt werden, ob das mit der Freiheit nicht immer so sei: Freiheit meint nicht nur die Tatsache, daß man *von* etwas, sondern immer auch, daß man *zu* etwas losgekommen ist.

Wir wollen noch eine weitere Stelle aus 1. Korinther 7 heranziehen. In den Versen 27 und 28 lesen wir:

«Bist du an eine Frau gebunden, so suche nicht los zu werden; bist du frei von einer Frau, so suche keine Frau. Wenn du aber auch heiratest, so hast du nicht gesündigt; und wenn die Jungfrau heiratet, so hat sie nicht gesündigt.»

Der Ausdruck «gebunden» lautet griechisch *dedesai*, das ist ein mediales Perfekt von *deo*, binden. Das Perfekt entspricht, zur Verdeutlichung umschrieben, der Wendung: du bist gebunden worden und *bist jetzt gebunden*. Es drückt das Ergebnis eines vergangenen Geschehens aus. Daher nennt man das Perfekt auch den resultativen Aspekt. Wer nun dergestalt ehelich gebunden ist, soll nicht suchen, «los zu werden», griechisch wörtlich: Er soll nicht *lysis*, Lösung, suchen. Der gleiche Wortstamm wird dann im nächsten Satz verwendet. «Bist du frei» lautet griechisch *lelysai*, wörtlich «bist du gelöst». Es ist wiederum ein mediales Perfekt und drückt die Tatsache aus, daß jemand gelöst worden ist, und daher jetzt los ist.

Was soll damit gesagt werden? Paulus spricht hier nicht vom Fall, daß jemand von einer Frau «frei» ist, weil er ganz einfach noch ledig ist. Nein, er spricht vom Fall, daß jemand aus einer bestehenden Verbindung gelöst worden ist. Wer dann heiratet, hat «nicht gesündigt».

Ohne auf die Frage einzugehen, was die einstige Ehe aufgelöst hatte (Tod oder Untreue des Partners), darf ich darauf hinweisen, daß hier auf alle Fälle die Freiheit von jemand auch die Freiheit zu jemand beinhaltete. Wenn das hier und am Ende des Kapitels der Fall ist, dann ist schwer ersichtlich, warum das nicht auch im Vers 15 der Fall sein sollte. Hätte Paulus dort sagen wollen, der nicht mehr gebundene Partner sei aber nicht frei, eine neue Verbindung einzugehen, hätte er das nicht ausdrücklich gesagt?

Zum Gebrauch von *lyo*, lösen, noch folgendes:

1. Korinther 7,27 ist die einzige Stelle, in der das Simplex, also das nicht um eine Präposition erweiterte Verb steht, wenn es um die Auflösung einer Ehe geht. Sonst steht für das Entlassen eines Partners immer *apolyo* (so in Matthäus 1,19; 5,31+31; 19,3+7+8+9; Markus 10,2; Lukas 16,18). Das Bemerkenswerte ist, daß dieses Verb immer gebraucht wird, wenn ein Partner anders als durch Tod geschieden wird. Von daher haben wir noch mehr Ursache anzunehmen, daß auch in 1. Korinther 7,27 von einem von einer Frau Geschiedenen gesprochen wird, der heiraten kann, ohne dabei zu sündigen.

Im obigen Fall von 1. Kor. 7,15 drückt sich also der geistliche Tod des ungläubigen Menschen so aus, daß er den Tod der Ehe herbeiführt: Er will mit dem gläubigen Partner nicht mehr zusammenleben! Dieser kann gehen, jedoch wird er – solange kein Ehebruch vorliegt – für den ungläubigen Partner beten und auf seine Bekehrung hoffen. Würde dies eintreffen, so wäre eine Grundlage für einen Neuanfang geschaffen. Kommt es jedoch zu einer endgültigen Entscheidung des ungläubigen Teils (z.B. durch Ehebruch seinerseits), dann kann (nicht muß) der gläubige Teil auch wieder heiraten.

Andere, von Gott akzeptierte Scheidungsgründe gibt es in der Bibel nicht. Eine andere Art von Scheidung ist für beide Partner schwerwiegende Sünde! Und zwar so schwerwiegend, daß – in alttestamentlichem Sinne – die Todesstrafe in Form von Steinigung ausgeübt werden müßte.

Hier aber kommen wir noch zu einem weiteren, wesentlichen Punkt:

4. Jesus schenkt eine bereinigte Vergangenheit

Eine wirklich heile Welt hat es seit dem Sündenfall nicht mehr gegeben. Je mehr sich die Menschheit aber der strahlenden Wiederkunft Jesu nähert, desto mehr wird sich die antichristliche Bosheit ausbreiten. Biblisches Grundwissen wird immer seltener. Die Schar derer, die in ihren Familien gemeinsam die Bibel lesen und beten, wird stets kleiner. Ich begegne immer mehr jungen Menschen, die nicht einmal ein einfaches Sonntagsschulwissen mit sich bringen. Ohne Gottes Offenbarung aber verwildert der Mensch (Sprüche 6). Er wird orientierungslos und sucht Glück und Sinn am falschen Ort. Zeitungen und Zeitschriften mit schlüpfrigem Inhalt erreichen Riesenauflagen. Als seriöse Berater getarnt, geben Journalisten-Psychologen oft verlogene Ratschläge an junge Menschen weiter. (Es sei in diesem Zusammenhang auf die christliche Zeitschrift «ethos» hingewiesen, die nach meiner Ansicht in jede Familie hineingehört.)

Macht, Geld und das Lustprinzip regieren. Wer

nicht Ferienerlebnisse mit Bettgeschichten zu erzählen hat, gilt als rückständig und veraltet. Ich brauche dies hier wohl nicht weiter auszuführen. Oft haben schon junge Menschen die ganz Skala der Lustbarkeiten durchlaufen und sind ausgebrannt und von der Sünde gezeichnet. Es ist ein alarmierendes Zeichen unserer Zeit, daß immer mehr junge Menschen in den Fangarmen von Verführern hängen bleiben, weil ihre Sehnsucht nach Wärme, Liebe und wahrer Führung nicht gestillt wird. Wer nicht weiß, wer er wirklich ist, kann auch nicht wissen, wozu er da ist, was er soll und wohin er geht. Er sieht in seinem Leben keinen Sinn. Wenn ich nicht weiß, wer ich bin und wozu ich lebe, verliert auch mein Nächster sein Gesicht. Dies führt zu Einsamkeit und Frustration. Unter Menschen mit verlorener Identität gibt es auch keine wirkliche Liebe. Sich an Strohhalme klammern oder der Scheinfreude nachjagen, bringt nur neue Enttäuschungen. Wir Menschen sind auf Gott hin geschaffen. Solange - und aus welchen Gründen auch immer - wir an Gott vorbei leben, werden wir mit einem Loch in der Persönlichkeit und einem Vakuum im Herzen herumlaufen, ob wir das nun wahrhaben wollen oder nicht. Äußerungen des Unglaubens, oft laut vorgetragen, stehen auf wackligen Füßen. Wir Menschen werden doch nur dann laut, wenn wir unsicher sind und Angst haben. Jeder Schritt von Gott weg verstärkt die Angst und die Sinnlosigkeit. Der Mensch kann natürlich das verborgene Heimweh und die Sehnsucht nach Sinn auch abwürgen. Er wird sich dann umsomehr seinen Süchten und Illusionen hingeben.

Den Hunger und den Durst nach Liebe und Geborgenheit kann nur einer stillen: Jesus Christus. Er wartet auf uns. Er möchte, daß wir nach Hause kommen und durch den Glauben an ihn den Frieden Gottes leben.

Es ist ein Zeichen der Zeit, daß die Menschen, die in unseren Tagen zum Glauben an Jesus Christus kommen, oft tiefe Spuren eines gottlosen Lebens aufweisen. Es sind immer weniger, die aus einer mehr oder weniger intakten Familie und «normalen» Vergangenheit zum Glauben kommen. Wir werden in der Gemeinde Jesu also vermehrt Menschen begegnen, die von Alkohol- und Drogenmißbrauch gezeichnet sind, oder bereits in jungen Jahren eine gescheiterte Ehe hinter sich haben. Wer dem Evangelium nicht Gewalt antut und staunend begriffen hat, daß wir durch den Glauben an Jesus Christus – allein aus Gnaden! – errettet sind, der wird mit ganz neuer Bewegung und Dankbarkeit das Wort von der neuen Kreatur in Christus verstehen. Wer dieses Wort, daß wir aus Gnaden errettet sind, nicht begreift, wird sich und andere unablässig unter das Joch des Gesetzes und in die Sklaverei hineintreiben. Dort aber herrscht eisige Kälte. Es friert mich deshalb oft, wenn einem Menschen plötzlich seine ganze Vergangenheit angelastet wird, nachdem er zum lebendigen Glauben an Jesus Christus gekommen ist, als hätte Jesus Christus nicht auch alle seine Schuld und Sünden ans Kreuz hinaufgetragen.

Wer zum Glauben an Jesus Christus kommt, ist nach 2. Kor. 5,17 eine «neue Kreatur». Das dort für «neu» gebrauchte griechische Wort «kainos» bedeutet: «neu der Art nach». Das Alte ist vergangen, ein Neues ist geworden!

Gründliche Betrachtung und Erklärung zu «neu»: siehe Anhang B.

In Christus ist jener Mensch nun geheiligt, gerecht gemacht, gereinigt. In IHM sitzt er (nach Eph. 2) zur Rechten Gottes in himmlischen Regionen. Es gibt keine Sünde, für die Jesus nicht bezahlt hätte (auch für alle Ehebrüche ist er gestorben!). Somit kann ein Sünder auch für sein ganzes sündhaftes Leben Vergebung erlangen.

«Wisset ihr denn nicht, daß Ungerechte das Reich Gottes nicht ererben werden? Irret euch nicht: Weder Unzüchtige noch Götzendiener, weder Ehebrecher noch Weichlinge, noch Knabenschänder, weder Diebe noch Habsüchtige, noch Trunkenbolde, noch Lästerer, noch Räuber werden das Reich Gottes ererben. Und solche sind etliche von euch gewesen; aber ihr seid abgewaschen, ihr seid geheiligt, ihr seid gerechtfertigt worden in dem Namen unseres Herrn Jesus Christus und in dem Geist unseres Gottes!» (1. Kor. 6,9-11). Egal, was ein Mensch *war*: Nun gilt für einen zum Glauben an Jesus Christus Gekommenen: «So seid ihr nun nicht mehr Fremdlinge und Gäste, sondern Mitbürger der Heiligen und Gottes Hausgenossen!» (Eph. 2,19). Jesus hat ein *vollkommenes* Opfer vollbracht! Es gibt keine Sünde, für die er nicht gestorben wäre!

Es gibt nur *eine* Sünde, die nicht vergeben werden kann, und das ist nicht die Sünde des Ehebruchs, sondern jene «wider den Heiligen Geist», d.h. wenn sich ein Mensch ein Leben lang dem Wirken des Heiligen Geistes, der ihn ja zur Umkehr ruft, widersetzt. So ein Mensch hat sich ganz bewußt nie der rettenden Gnade Gottes anvertraut und wird verloren gehen. (Eine gründliche Erarbeitung und Erklärung dieser Problematik entnehmen Sie bitte dem Buch: «Wo hört die Gnade Gottes auf?» TELOS-Paperback Nr. 1308).

Wer völlige Vergebung erfahren hat, der darf auch sein eigenes, einst ehebrecherisches Leben als vergeben und damit als unantastbar ansehen. Er wird nach 1. Kor. 7,11 zuerst seine eigene Schuld zugeben, seinen früheren Ehepartner um Vergebung bitten und danach trachten, ihn für eine harmonische Ehe zu gewinnen. Ist dies jedoch nicht mehr möglich (z.B. weil der frühere Partner inzwischen eine andere Bindung eingegangen ist), so wird dieser junge Christ Gott um Führung in bezug auf einen neuen, gläubigen Ehepartner bitten dürfen!

Noch ein weiteres Beispiel zur Verdeutlichung dieses vierten Grundes:

«Da brachten die Schriftgelehrten und Pharisäer eine Frau zu ihm, die beim Ehebruch ergriffen worden war, stellten sie in die Mitte und sprachen zu ihm: Meister, dieses Weib ist auf der Tat beim Ehebruch ergriffen worden. Im Gesetz aber hat uns Mose geboten, solche zu steinigen. Was sagst nun du?» (Joh. 8, 2–5). Wir kennen die Antwort Jesu: «Wer unter euch ohne Sünde ist, der werfe den ersten Stein auf sie!» Wie wir wissen, verschwanden die Ankläger, einer nach dem anderen. Jesus beharrte nicht auf dem alttestamentlichen Gesetz, sondern sprach die Frau frei und sagte: «Gehe hin und sündige hinfort nicht mehr!» (Joh. 8,11). Damit ließ er keinen Zweifel darüber aufkommen, daß der Ehebruch eine verabscheuungswürdige Sünde ist, doch zeigte er etwas Wesentliches des «Neuen Bundes» auf: Bei Gott ist Vergebung!

Durch seinen Opfertod am Kreuz auf Golgatha hat Jesus Christus die Strafe für alle Schuld und Sünde der Menschen gesühnt und bezahlt. Bildlich gesprochen: Jede Steinigung für jeden Ehebruch hat er dort auf sich genommen. Wenn ein Mensch dieses stellvertretende Opfer Jesu für sich persönlich in Anspruch nimmt, indem er sein Leben Jesus Christus ausliefert und sich ihm anvertraut, dann gilt die Vergebung Jesu für all seine Schuld und Sünde. «So gibt es nun keine Verdammnis mehr für die, die in Christus Jesus sind» (Röm. 8,1). In Christus sind wir *gerechtfertigt* (Röm. 3,24).

Auch unter den gläubig gewordenen Korinthern gab es (wie oben erwähnt - vgl. 1. Kor. 6,9-11) *ehemalige* Ehebrecher, Geschiedene, Knabenschänder etc. Doch durch den Glauben an Jesus Christus waren auch diese Menschen neu geworden, frei geworden von den Ketten der Sünde. Also ist ein gläubig gewordener «Geschiedener» in den Augen Gottes kein «Geschiedener» mehr, sondern ein erlöster, neu gewordener Mensch - der auch wieder eine (nun christliche Ehe) eingehen kann; denn wenn der Ex-Ehepartner z.B. wieder verheiratet ist oder sonst in Ehebruch lebt oder aber keine Versöhnung möchte, dann wird der neugewordene, gerechtfertigte und reingewaschene Mensch auch frei sein, jemand anderen zu heiraten.

Vorbeugen ist besser als heilen

Heute rümpfen manche Zeitgenossen über die Scheidebriefpraxis der Pharisäer verächtlich die Nase, lassen sich aber scheiden, weil die «Liebesgefühle» offenbar verschwunden sind oder man mit dem angeblich falschen Partner eine Ehe eingegangen ist. Die Frage, ob der andere der einzig denkbare Partner sei, ist sicher nicht relevant. Zwei Menschen werden *erst in der Ehe* füreinander einmalig.

«Nicht die Einmaligkeit des andern begründet eine Ehe, sondern umgekehrt. Die Ehe begründet Einmaligkeit und Einzigartigkeit. Zwei Menschen werden füreinander einmalig dadurch, daß Gott sie zusammengefügt hat, daß er ihnen eine gemeinsame Geschichte schenkt und seine Hand diese Zweierschaft segnet.

Ich denke in diesem Zusammenhang an das Zeugnis eines alten Ehepaares, das ein tiefes Glück ausstrahlte. Vor allem die Frau, die durch Alter und Krankheit fast bewegungsunfähig geworden war und in deren gutem alten Gesicht Freude und Leid vieler Jahre hundert Runzeln und Furchen eingegraben hatten, war von einer solchen Lebensdankbarkeit erfüllt, daß jeder Besucher ergriffen wurde und sich unwillkürlich fragte, wo die Ausstrahlungskraft dieses alten, gütigen Menschen herrühren möge. Es waren im übrigen kleine Leute, und ihre Stube zeigte nur ein bescheidenes Inventar. Aber dann wußte man plötzlich, woher das alles kam, wenn man die beiden miteinander reden und die Blicke aneinander hängen sah. Dabei wurde einem klar, daß diese Frau sehr geliebt worden war und noch wurde. Darum war es gleichsam so, daß sie wie ein Stein, der jahrzehntelang in der Sonne gelegen und alle anstrahlende Wärme in sich aufgenommen hatte, nun Wärme, Frieden und Geborgenheit zurückstrahlte. Ich möchte das so ausdrücken: Nicht weil diese Frau ein so beglückender und wohltuender Mensch war, wurde sie all die Jahre von ihrem Mann geliebt, sondern es war umgekehrt. Weil sie so geliebt wurde, war sie schließlich die, die soviel Frieden, Wärme und Zufriedenheit ausstrahlen durfte.

Wenn in einer Ehekrise die Frage hochkommt: Ist der andere wirklich dieser eine Mensch, der zu mir paßt? dann gibt es weder eine neutrale unbeteiligte Antwort noch eine Diagnose, sondern dann springt diese Frage immer auf den Fragesteller selbst zurück und lautet: Habe ich dem andern zuwenig Liebe geschenkt, nur meine eigene Befriedigung und mein eigenes Glück gesucht, daß er so kalt und leer geworden ist? Habe ich als Mann versucht, die Bedürfnisse meiner Frau zu entdecken und auch zu stillen? Der andere Mensch, den mir Gott geschenkt hat, ist das, was er ist, ja niemals ganz ohne mich. Er ist nicht nur Gebein von meinem Gebein und Fleisch von meinem Fleisch, sondern er ist auch Langeweile von meiner Langeweile und Lieblosigkeit von meiner Lieblosigkeit» (Helmut Thielicke, «Wie die Welt begann»).

Wenn mir der Partner nur um seiner «Funktion» willen gut genug ist, dann liebe ich ihn nicht, sondern benutze ihn lediglich für meine Zwecke und zeige damit, was für ein Egoist ich bin. Egoisten sollten deshalb auf keinen Fall heiraten. Babys und kleine Kinder zeigen ihren Egoismus oft unverblümt. Hat es Hunger, so schreit das Baby und verlangt, daß man seine Wünsche unmittelbar erfüllt. Es kommt noch nicht auf den Gedanken, daß seine Mutter mitten in der Nacht müde ist. Nun, Babys heiraten ja auch nicht und gründen keine Familie. Egoisten sind große Babys, die den Reifeprozeß, liebes- und bindungsfähig zu werden, verpaßt haben. Wenn mir der andere nur gut für solche Funktionen ist, dann habe ich eben keine Gemeinschaft mit ihm, keine Liebe wie Gott sie will; dann ist er für mich auch erledigt, sobald er seine Funktionen nicht mehr ausüben kann. Wie viele Ehen werden gerade deshalb geschieden, weil der eine für den andern reizlos geworden ist und seine erotische Funktion nicht mehr klappt. Dann sucht man eben einen «funktionstüchtigeren», jüngeren Partner.

Man darf auch nicht die Aussage in Matth. 19 «Was Gott zusammengefügt hat, soll der Mensch nicht scheiden» einseitig und global auslegen. Gottlose Menschen hat Gott sicher nicht zusammengeführt. Menschen, die nicht nach Gottes Willen fragen, leben auch nicht unter der Führung Gottes. Ein solcher Weg führt immer in die Dunkelheit.

Liebe ist mehr als ein Gefühl

In der Tageszeitung war neben vielsagenden Karikaturen zu lesen: «Liebe ist ... eine ständige Verliebtheit, die mich an sie kettet, ohne daß ich mich anstrengen muß! Liebe ist ... ein Gefühl, das mich unwiderstehlich zu ihm hinzieht. Mit anderen Worten: Liebe ist ... ein tiefes Gefühl, das man nicht erklären kann.»

Dazu muß ich natürlich ein klares Nein aussprechen. Liebe ist mehr als nur ein Gefühl – glücklicherweise! Denn Gefühle schwanken und verschwinden sogar zeitweise. Wenn die Gefühle schwinden, kann die Ehegemeinschaft zu einer Qual oder zumindest zu einem bloßen Müssen werden. In Wirklichkeit heißt lieben «wollen». Lieben bedeutet, das Wohl des andern zu wollen und sich ständig dafür einzusetzen, daß er es erhält. Egal, welche Gefühle man dabei hat.

Ein Christ, der in seiner Ehe Mühe hat und der ebenfalls seine Gefühle schwinden sieht, sollte klar erkennen, daß Liebe nicht gefühlsabhängig ist!

Jesus verlangt sogar Feindesliebe (vgl. Matth. 5, 43–48). Ist das möglich? Wenn ja, wie kann ich dahin kommen, daß ich so werde? Dieser Bergpredigttext ist zum Kernstück christlicher Ethik geworden. Auch manche Nichtchristen kennen diesen Text und verurteilen Christen, weil sie so weit hinter diesem Maßstab Jesu zurückbleiben. Wir mögen die Menschen nicht, die Böses über uns reden, die uns verfolgen, unterdrücken und mißachten. Das ist aber kein Grund, sie nicht zu lieben. Das Wort «Liebe» ist entwertet worden. Es wurde fast ausschließlich mit dem Romantischen und dem Erotischen in Zusammenhang gebracht. Liebe ist in den Augen der meisten Zeitgenossen ein Gefühlswert. Das Gefühl ist sicher ein Bestandteil der Liebe, aber nie der wichtigste Punkt. Was meint Jesus also, wenn er sagt: Liebet eure Feinde? Die griechische Sprache ist reich an Synonymen, hat einen Formenreichtum und Wortschattierungen, die wir in unserer Sprache nicht kennen. Ganz verschiedene Ausdrücke umspannen dieses Wort «Liebe»:

a) *storge, stergein:* Mit diesem Wort wird das liebende Verhältnis zwischen Familienangehörigen ausgedrückt. Die Liebe der Eltern zu ihren Kindern; die Liebe der Kinder zu ihren Eltern. Diese Liebe meint also die gegenseitige Zuneigung von Familienangehörigen.

b) *eros, eran:* Bezeichnenderweise kommt dieses Wort im Neuen Testament nicht vor. In unserem Verständnis spricht es die Liebe zwischen Mann und Frau an; Erotik und geschlechtliche Liebe gehören dazu. Im Laufe der Zeit hat dieses Wort immer mehr den Anstrich von Begierde erhalten.

c) *philia, philein:* Hier begegnen wir dem innigsten Wort für Liebe, für echte Zuneigung – dem Ausdruck höchster menschlicher Liebe.

d) *agape, agapan:* Jesus verwendet dieses Wort in der Bergpredigt im Zusammenhang mit der Feindesliebe. Es handelt sich um Liebe, die auch das Nichtliebenswerte liebt. Es ist eine durch nichts zu erschütternde Güte, Zuneigung und wohlwollende Gesinnung. Wenn wir jemandem also mit *agape* begegnen, spielt es keine Rolle, wie sich der Betreffende uns gegenüber verhält; ganz im Gegensatz zu *eros*, der Liebe, die durch die Attraktivität des Gegenübers hervorgerufen wird. *Agape* ist Liebe, die nicht durch persönliche Zuneigung hervorgerufen wird. Sie ist deshalb eine zuverlässige Liebe, die Freund und Feind einschließen kann, eine Liebe, die trotz Beleidigung oder Verletzung liebt. Treffender als dies in 1. Korinther 13 steht, kann es nicht mehr formuliert werden: «Wenn ich in den Sprachen der Menschen und der Engel rede, aber keine Liebe habe, so bin ich ein tönendes Erz geworden oder eine schallende Zimbel. Und wenn ich Weissagung habe und alle Geheimnisse und alle Erkenntnis weiß, und wenn ich allen Glauben habe, so daß ich Berge versetze, aber keine Liebe habe, so bin ich nichts. Und wenn ich all meine Habe zur Speisung der Armen austeile und wenn ich meinen Leib hingebe, damit ich verbrannt werde, aber keine Liebe habe, so nützt es mir nichts. Die Liebe ist langmütig, die Liebe ist gütig; sie neidet nicht, die Liebe tut nicht groß, sie bläht sich nicht auf, sie benimmt sich nicht unanständig, sie sucht nicht das ihre, sie läßt sich nicht erbittern, sie rechnet Böses nicht zu, sie freut sich nicht über die Ungerechtigkeit, sondern sie freut sich mit der Wahrheit, sie erträgt alles, sie glaubt alles, sie hofft alles, sie erduldet alles. Die Liebe vergeht niemals... Nun bleibt aber Glaube, Hoffnung, Liebe, diese drei; die größte aber von diesen ist die Liebe.»

Jesus sagt und verlangt also nicht, daß wir unsere Feinde in derselben Weise lieben wie jene Menschen, die uns sympathisch und teuer sind. Das ist schon gefühlsmäßig nicht möglich und wäre auch nicht richtig. Wo liegt also der Unterschied? Menschen, die uns lieb und teuer sind, lieben wir ganz automatisch. Dies ist die natürliche Regung unseres Herzens. Natürlich kann eine Beziehung so kaputt und unser Empfindungsvermögen derart abgestumpft sein, daß auch diese Regung des Herzens fehlt. *Agape* (Liebe, die die Feindesliebe einschließt) ist getragen von Willenskraft und Handlungsbereitschaft. Dahinter steht also ein Entschluß! Wenn ich meinen Feind liebe, so ist das vor allem ein Akt des Willens - ähnlich der göttlichen Liebe, von der in Joh. 3,16 die Rede ist! Auch hier geht es um die Willensäußerung der Liebe Gottes, nicht um Gefühle. Wichtig ist, was wir *wollen,* nicht was wir *fühlen!* Das Kreuzesgeschehen ging sicher gegen das *Gefühl* Gottes. Doch war es Ausdruck seines unerschütterlichen Liebeswillens! (1. Joh. 3,1) Eine solche Liebe überfällt uns nicht ungewollt, wie wenn man sich in jemanden verliebt. Sie erfordert einen deutlichen Willensakt, eine Entscheidung. Daher ist es für Christen möglich, auch Menschen, die sie nicht besonders mögen, zu lieben. Wer sich vornimmt, einen Menschen zu lieben, wird auch oft erfahren, daß seine Gefühle bald seinem Willen folgen werden.

Bewußtes Lieben - Mathilda Wrede

Von Mathilda Wrede, genannt «der Engel der Gefangenen», wird erzählt: Einmal mußte sie nach einem entlegenen Postamt, um einen größeren Geldbetrag abzusenden. Ein baumlanger Mensch von finsterem, nicht sehr vertrauenerweckendem Äußeren kutschierte. Der Weg führte durch tiefen Wald. Da fragte der Mann: «Ist es wahr, daß Sie einen Geldbrief mit viel Geld darin bei sich haben?»

«Jawohl, er muß abgeschickt werden.»

«Dann ist es doch sonderbar, daß Sie sich getrauen, ganz allein mit mir durch den Wald zu fahren. Sie wissen doch, was für ein Bandit ich gewesen bin. Haben Sie gar keine Angst?»

«Nein, nicht die geringste. Denn sehen Sie, der Mann, der das tat, war ein sehr schlechter Mensch; aber er ist es jetzt nicht mehr. Jetzt ist er ein anderer geworden, und ich kann mich auf ihn verlassen.»

Tiefes Schweigen. Aber plötzlich wurde die Stille durch lautes Schluchzen unterbrochen. «Ist es wahr, daß Sie mir vertrauen?» Als Mathilda bejahte, murmelte er vor sich hin: «Sie vertraut mir, sie vertraut mir wirklich! - Ja», sagte er zum Schluß, «dann soll Gott mir helfen, ein besserer Mensch zu werden, denn jetzt will ich es selbst.»

Lieben lernen!

Agape ist also die göttliche, die absolut selbstlose Liebe, wie sie uns in 1. Kor. 13 vor Augen gemalt wird: die Liebe, die langmütig ist und dem andern Freiraum im Wachstum gewährt; die nicht beneidet und daher Komplimente machen kann; die nicht prahlt und sich nicht hervorhebt, um den andern minderwertig erscheinen zu lassen; die anständig und taktvoll ist und «nicht das ihre sucht», d.h. doch: die sich entscheidet, die Bedürfnisse des andern zu erforschen und zu stillen suchen - egal, welche Gefühle oder Neigungen man dabei im Augenblick gerade verspürt! (Das Wesen solcher tragfähiger, für die Praxis lebenswichtiger Liebe - die man auch lernen kann - ist ausführlich und wirklichkeitsnah erläutert im «Handbuch für Eheleute», TELOS-Buch 2154).

Diese Agape-Liebe kann ein Christ auch zu unsympathischen Menschen haben (umsomehr natürlich seinem Ehepartner gegenüber, sogar in Zeiten, in denen er «einem auf den Wecker geht»). «Eros» dagegen, dieser «leidenschaftliche Drang», ist grundsätzlich mit egozentrischem Verlangen gepaart und daher gefühls- und lustabhängig. Wer daher nur *eros* kennt und keine *agape*, der wird in keiner zwischenmenschlichen Beziehung Beständigkeit, Erfüllung und echtes Wachstum erleben. Gott verlangt nicht, daß wir jene, die uns verfolgen, emotionell gern haben sollen, sondern wir sollen sie lieben, gemäß *agapao* - ihre wahren Bedürfnisse erforschen und zu stillen suchen (z.B. ihnen die errettende und frohmachende Botschaft des Evangeliums verkünden und Jesus lieb machen).

Es besteht deshalb für jedes Ehepaar die praktische Möglichkeit einer echten «Liebes-Ehe» - auch wenn es gefühlsmäßig Schwierigkeiten gibt, weil man nämlich lieben lernen kann. Scheidung ist daher keine Alternative für zwei Christen. Die Alternative würde heißen: Lieben lernen! (Sogar die zerfahrensten Ehen haben dadurch schon Heilung erlebt.)

Aber auch dieser Heilungsprozeß setzt voraus, daß beide Partner lieben lernen *wollen*! Ein Mensch, der nicht bereit ist, sich von Gott zurechtbringen zu lassen, sondern nur nach seinem Lustprinzip lebt, wird die Gesundung einer Ehe verhindern, was dann allerdings üble Konsequenzen zur Folge haben wird. Wer verstanden hat, was Liebe eigentlich bedeutet, der weiß auch, daß er für eine zerbrochene Ehe niemals eine Entschuldigung wie z.B. «unpassender Partner» geltend machen kann.

Die Maßstäbe Jesu zur Vorbeugung

«Ihr habt gehört, daß zu den Alten gesagt ist: Du sollst nicht ehebrechen! Ich aber sage euch: Wer eine Frau ansieht, ihrer zu begehren, der hat in seinem Herzen schon Ehebruch mit ihr begangen. Wenn dir aber dein rechtes Auge ein Anstoß zur Sünde wird, so reiß es aus und wirf es von dir. Denn es ist besser für dich, daß eines deiner Glieder verloren gehe, als daß dein ganzer Leib in die Hölle geworfen werde. Und wenn deine rechte Hand für dich ein Anstoß zur Sünde wird, so haue sie ab und wirf sie von dir. Denn es ist besser für dich, daß eines deiner Glieder verloren gehe, als daß dein ganzer Leib in die Hölle geworfen werde» (Matth. 5,27–30).

In diesem Text gibt uns Gott eine prophylaktische Hilfe. Um deutlich zu machen, welche Maßstäbe im Reich Gottes gelten, nimmt Jesus hier als Beispiel das 6. Gebot. Es regelt eine fundamentale Triebkraft des Menschen: die Sexualität. Im vorangehenden Gebot «du sollst nicht töten», sagt Gott ja mit Nachdruck: Leben und Persönlichkeit des Menschen sind unantastbar. So spricht Jesus auch von der Unantastbarkeit der Ehe. Die Frau soll in Achtung und Geborgenheit eingehüllt werden. Streng definiert ist ja Ehebruch der Bruch des bei der Eheschließung eingegangenen Versprechens zur geschlechtlichen Enthaltsamkeit außerhalb der Ehe. Jesus sieht das noch umfassender. Die sittlichen Maßstäbe haben in unserer Zeit einen nie dagewesenen Tiefstand erreicht. Von allen Seiten – offen und versteckt –

werden unsere Augen und Ohren zur Lockerung der Moral und zur Auflösung von Gottes Maßstäben angestiftet. Dagegen müssen wir beharrlich angehen; d.h. in der Familie und Gemeinde die Maßstäbe Gottes entdecken, erkennen, verkündigen und leben; d.h. ganzheitlich in einem christlichen Ethos eingehüllt sein, was die Grundlage eines fruchtbringenden Christenlebens ist.

Jesus warnt also vor einem sexuellen Verlangen, das die Ehe zerstört. Unter Reinheit versteht Jesus etwas grundsätzlich anderes als die Pharisäer und Schriftgelehrten. Diese verurteilten die Menschen, wenn der offensichtliche Tatbestand des Ehebruchs vorlag. Die Gesinnung, der innere Zustand, sexuelle Begierde, schmutzige Phantasie - das alles ging sie nichts an. Jesus durchbricht die Fassade und zeigt, daß Ehebruch seinen Ansatz und seine Ursache in der heimlichen sexuellen Begierde hat. Das 6. Gebot wird nicht erst durch den Geschlechtsakt übertreten und verletzt, sondern schon durch die bereitwillige Befriedigung der Augen, der Phantasie und Vorstellungskraft. Jesus sagt selbstverständlich kein Wort gegen die natürlichen Beziehungen zwischen den Geschlechtern. Er meint auch nicht den von Gott geschenkten Sexualtrieb. Die Bibel kennt nur *Reinheit,* nicht aber Prüderie oder verlogene Scheinheiligkeit. Gott schuf die Menschen als Männer und Frauen. Somit ist das sexuelle Verlangen ein Bestandteil unseres Menschseins.

Mit «Ansehen, ihrer zu begehren» sind nicht zufällige Blicke oder das offene Zur-Kenntnis-Nehmen einer sympathischen Gestalt gemeint, sondern das absichtliche, wiederholte, lüsterne Hinschauen, das Verlangen und Begierde weckt und anstrebt. Jesus verurteilt folglich Blicke, die in einer Frau lediglich ein Objekt, eine Ware für eigene Lustbefriedigung sehen, die eine Frau ausbeuten und die Unantastbarkeit ihrer Persönlichkeit verletzen, anstatt sie zu lieben und sie in ihrer Würde zu respektieren.

Bakterien vermehren sich am besten auf einem geeigneten Nährboden. Die Phantasie ist ein ganz ähnlicher Nährboden oder kann schnell und leicht zu einem fruchtbaren Nährboden für die Sünde werden.

Der erotische Reiz und der erste Blick sind noch keine Sünde, können aber schnell zu einer solchen werden, wenn sie bereitwillig aufgefangen und phantasiemäßig ausgekostet werden. Ergeben sich dann sogenannt günstige Umstände, dann folgt die eigentliche Tat.

Ein bekanntes Beispiel dafür finden wir bei David: In passiver Haltung spazierte er auf seinem Dach umher, erblickte die badende, nackte Bathseba, und – anstatt sich von diesem reizvollen Bild abzuwenden – fütterte David seine Phantasie mit verführerischen Bildern. Die Folge davon war denn auch vollzogener Ehebruch.

Viele, die ihre Gedanken und Phantasie in dieser Weise hingeben, werden vielleicht nur aus Mangel an Gelegenheit oder Angst vor Konsequenzen an der Handlung selbst gehindert. Sie sind zu feige, um ihre Gedanken in die Tat umzusetzen. In den Augen Gottes aber haben auch sie schon gesündigt. Jesus stellt über unser Menschsein nicht nur eine absolut zuverlässige Diagnose, um uns dann alleine zu lassen. Vielmehr bietet er echte Hilfe an für jene, die hören und auch tun wollen, was er sagt. Der Preis für Reinheit ist Zucht und Selbstdisziplin. Doch es lohnt sich tausendfach! Augen und Hand werden uns durch Jesus drastisch als Komplizen vorgestellt. Leidenschaften finden nur bei dem Nahrung und Feuer, der bewußt *hinschaut*.

Lot *sah* beispielsweise die fruchtbaren Jordanaue – und landete in Sodom; Abraham vertraute Gott, der ihn zum Segen für viele setzte. Eva *schaute* sich zuerst die begehrenswerte Frucht bewußt und beständig an, bevor sie die Leidenschaft packte und sie sich der Sünde des Ungehorsams hingab! Visuell werden wir mehr geprägt als uns bewußt und lieb ist. 82% von dem, was wir sehen, bleibt in unserem Unbewußten haften, aber nur etwa 10% von dem, was wir lesen, bleibt uns prägend erhalten.

Die «Hand» führt die Tat schließlich aus. Gegen beide – Hand und Augen – sollen wir unbarmherzig vorgehen. Jesus spricht von «ausreißen» und «abhauen». Er meint damit also, daß wir das Ganze absolut ernst nehmen sollen. Es muß uns viel kosten, die Einbruchstelle des Bösen zu verbauen. Natürlich geht es hier nicht um eine wörtliche Interpretation. Jesus spricht weder von Selbstverstümmelung noch davon, daß wir die linke Hand abhauen sollen, weil wir ja mit der rechten immer noch Böses tun könnten. Gegen alles, was das Sündigen leicht macht, unseren begehrlichen Appetit weckt oder vergrößert und unsere Phantasie aufreizt, muß unbedingt angegangen werden. Die Bibel selbst ist uns hier größtes Vorbild. Denken wir nur an die Schilderung über das Leben des «verlorenen Sohnes» in Luk. 15, wo es schlicht und einfach heißt, daß dieser Mann sein Hab und Gut mit einem liederlichen Leben durchbrachte. Die Bibel geht nicht ins Detail, obwohl manch eine Illustrierte die schönste Story daraus machen würde, gewürzt mit einer schlüpfrigen Bildreportage. Jeder von uns aber weiß, was ein liederliches Leben ist und braucht seine Phantasie nicht damit zu füttern!

In unserer Welt, in der die Verführung und Versuchung zur sexuellen, egozentrischen Befriedigung auf Schritt und Tritt lockt, müssen wir streng mit uns selbst sein und kompromißlos Selbstdisziplin üben. Je nach Lage und Situation sind von uns drastische Maßnahmen erforderlich. Denken wir hier nur an Joseph, der infolge seiner konsequenten Haltung seine Stellung verlor und ins Gefängnis geworfen wurde, jedoch in seiner Reinheit bewahrt blieb und im Frieden mit Gott leben konnte.

Es gibt für Christen - und dies meine ich nie gesetzlich im Sinne eines falschen Verbotsdenkens - Einschränkungen, wenn wir Gottes Wort ernst nehmen. Diese Einschränkungen können sich auf Lokale, Veranstaltungen, Bücher, Videos, Fernsehsendungen, Hefte, Kontakte usw. erstrecken. Ein Leben mit Einschränkungen ist jedoch tausendmal besser als ein verpfuschtes Leben in sexueller Versklavung. Überprüfen wir unsere Lebensgewohnheiten! Was lesen wir? Was schauen wir uns an? Welche Veranstaltungen besuchen wir? Wohin gehen wir?... - Hau ab! Reiß aus! Jesus spricht von einer radikalen Handlung und nicht von einem allmählichen Prozeß! Man kann nicht «immer weniger» Schundliteratur lesen. Radikale, einschneidende Maßnahmen sind gefragt! Die Herrschaft falscher Leidenschaften in unserem Leben kann nicht nach und nach abgebaut werden. Sie muß durch eine bewußte Willensentscheidung entthront werden, da sonst die Begierde und das sündhafte Verlangen stets neues Futter erhalten und niemals ausgehungert werden können. «Im übrigen, meine Brüder, was wahrhaftig, was ehrbar, was gerecht, was keusch, was liebenswert, was wohllautend, was irgend eine Tugend oder ein Lob ist, dem denket nach» (Phil. 4,8).

Wir können nur einen Gedanken auf einmal denken. Was wir in stillen Stunden denken, das sind wir, so leben wir.

«Wurzelbehandlung»

Gedanken über unsere Gedanken

«Die Gedanken sind frei,
wer kann sie erraten?
Sie fliehen vorbei
wie nächtliche Schatten.
Kein Mensch kann sie wissen,
kein Kerker einschließen:
es bleibet dabei:
die Gedanken sind frei!

Ich denke, was ich will
und was mich beglücket,
doch alles in der Still
und wie es sich schicket.
Mein Wunsch und Begehren
kann niemand verwehren:
es bleibet dabei:
die Gedanken sind frei!

Und schließt man mich ein
im finsteren Kerker,
ich spotte der Pein
und menschlichem Werke:
denn meine Gedanken
zerreißen die Schranken
und Mauern entzwei:
die Gedanken sind frei!»

(Lied: Fliegendes Blatt, 19. Jahrhundert)

Auch in totalitären Staaten können der oder die Machthaber die Gedanken eines Volkes nicht kontrollieren. Dort, wo sich die Unterdrückten in Gedanken voll Hoffnung nach Freiheit sehnen, wird daraus eine innere gemeinsame Kraft entstehen, die auch - dies ist nur eine Frage der Zeit - zur äußeren Freiheit, zum Zerbrechen der Ketten, führt.

Das menschliche Gehirn ist eine großartige Konstruktion des Schöpfers, ein phantastischer Computer, um einen Ausdruck unserer Zeit zu gebrauchen. Wir können pro Sekunde 80 Erinnerungen speichern. Untersuchungen haben ergeben, daß wir

1. wahrscheinlich kaum mehr als 10% unserer geistigen Fähigkeiten nutzen und

2. daß wir nichts von dem vergessen, was wir sehen, fühlen hören, tasten oder schmecken.

Alles bleibt gespeichert, unabhängig davon, ob wir uns dessen bewußt sind, oder ob es im Bereich des sogenannten Unterbewußten archiviert bleibt. Werden beispielsweise gewisse Hirnpartien eines 45jährigen Mannes mit einer Sonde gereizt, so sieht sich der Betreffende vielleicht als 6jähriger auf einer Wiese, wo er Blumen pflückt. Das, womit wir unseren «Computer» füttern, wird zum Rohmaterial unserer Handlungen und Taten. Füttere ich ihn mit «Müll», dann wird auch «Müll» herauskommen. Wird beim Bau einer Brücke, die über ein tiefes Tal führt, schlechtes Material verwendet, so wird sie bei großer Belastung unweigerlich einstürzen. Eine Katastrophe ist unvermeidlich! Genauso wird unser Leben bei einer nicht tragfähigen Grundlage «einstürzen».

Unsere Gedanken rufen Gefühle hervor. Gefühle entstehen niemals im luftleeren Raum, nicht einfach von selbst, sondern entwickeln sich aus unserem Denken. Gefühle aber führen zu Taten. Taten werden zu Gewohnheiten. Wir müssen uns bewußt sein, daß das, was wir mit unseren Augen und Ohren aufnehmen, Auswirkungen auf unsere Seele hat und oft auch auf unseren Körper. Wer pornographische Schriften anschaut und liest, wird dadurch gefühlsmäßig erregt und stimmt seinen Körper damit auf sexuelle Handlungen ein. Alle jungen oder älteren Menschen, die mich bezüglich ihrer sexuellen Schwierigkeiten angesprochen haben, sind durch pornographische Schriften oder Filme, entsprechende Romane oder Gespräche in eine bestimmte Richtung gedrängt worden. Ihre falschen sexuellen Wünsche entstanden nicht von selbst, sondern ließen sich eindeutig darauf zurückführen, was sie gelesen, gehört oder gesehen hatten.

Unser Verhalten und unsere Lebensweise sind aber keine Privatsache. Wie junge Menschen vor der Ehe, und wie die ältere Generation in und neben der Ehe lebt, hat für die Zukunft unserer Völker entscheidende Bedeutung.

Prof. Unwin, ein international bekannter Soziologe aus Oxford, hat in einer eindrücklichen Forschungsarbeit 80 verschiedene Kulturen untersucht. Ziel seiner Studie war es, die Auswirkungen der verschiedenartigen Beziehungen zwischen Männern und Frauen in diesen Völkern zu erfassen. Dabei hat er in seine Forschungsarbeit sowohl heute lebende Kulturvölker als auch Eingeborenen-Stämme, vergangene, aber noch heute lebende Primitiv-Kulturen miteinbezogen. Unwin ist dabei auf eine erstaunliche Tatsache gestoßen. Es ist für die soziale und kulturelle Kraft eines Volkes von entscheidender Bedeutung, wie sich die Beziehungen zwischen Mann und Frau, zwischen Jungen und Mädchen gestalten. Das Ergebnis seiner Studie: Je strenger die Sitten, desto schöpferischer das Volk und desto lebenstüchtiger seine junge Generation. Dort, wo die sogenannt «freie Liebe» propagiert wurde und sexuelle Freizügigkeit herrschte, war dies immer der Anfang vom Untergang. Spätestens nach drei Generationen wurde ein solcher Stamm von einem stärkeren übernommen und unterdrückt.

Bezeichnenderweise sagte Lenin: «Wenn wir eine Nation vernichten wollen, so müssen wir zuerst seine Moral vernichten, dann wird uns die Nation als reife Frucht in den Schoß fallen. Die Moral aber vernichtet man mit ‹Müll-Informationen›, ‹Müll-Bildern›, ‹Müll-Gesprächen›.» Hitler äußerte sich viele Jahre vor Ausbruch des 2. Weltkrieges im Kreise seiner engsten Mitarbeiter: «Wir müssen dem deutschen Volk einen andern Geist geben, dann wird es automatisch zu den Waffen greifen und unseren Zielen hörig.»

Was ich bezüglich einer falschen Sexualität, die nicht Freiheit und Würde, sondern Versklavung bringt, gesagt habe, gilt auch im Blick auf Terror und Gewalttätigkeiten. Ehe ein Mensch selbst Gewalt ausübt, hat er seinen «Computer» damit gefüttert. Man kann sich nicht dauernd dem Einfluß von Brutalität in Film und Fernsehen aussetzen und unbeschadet daraus hervorgehen. Empfindungslosigkeit und völlige Abstumpfung dem Leid und Schmerz anderer gegenüber sind die Folge. Da ist der Schritt zu eigener Ausübung von Unrecht, in welcher Form auch immer, nur noch klein. Beobachten Sie einmal die Spiele, die viele Kindergärtler heute spielen, und

Sie werden wissen, was diese 5jährigen gesehen und gehört haben!

In diesem Zusammenhang verstehen wir wahrscheinlich die revolutionierende Wahrheit in der Botschaft Jesu Christi, daß die Sünde nicht eigentlich in der Tat liegt, die begangen wird oder im Wort, das über unsere Lippen kommt, sondern in der Gesinnung, aus der sie entsprungen ist. «Von innen, aus dem Herzen des Menschen, kommen die bösen Gedanken: Unzucht, Dieberei, Mord, Ehebruch, Habsucht, Bosheit, List, Schwelgerei, Mißgunst, Lästerung, Hoffart, Unvernunft» (Mark. 7,21ff). Damit sagt Jesus unmißverständlich: Was eine Tat gut oder schlecht macht, wird weder von der Tat selbst noch von den Folgen entschieden, sondern allein vom Motiv, aus dem sie entspringt. Sünde ist ihrem Wesen nach also zunächst ein Vorgang in unserem Herzen, in unserem Denken, ein Ausdruck unseres Willens. Ist eine üble Tat in unserem Denkzentrum, im Innern beschlossen, so haben wir sie schon – auch ohne äußerlichen Vollzug – begangen. *Wer eine Frau ansieht,* ihrer zu begehren, der hat schon mit ihr die Ehe gebrochen in seinem Herzen» (Matth. 5,27ff). Unser Gedankenleben übt einen gewaltigen und prägenden Einfluß auf unser Verhalten aus.

Vorstellungskraft

Wir haben die Möglichkeit, die eigene Vorstellungskraft entweder positiv oder negativ einzusetzen.

Ein ehemaliger Alkoholiker, der schon mehrere Jahre abstinent lebt, wird wahrscheinlich an einem heißen Tag plötzlich vom Gedanken auf ein Glas eiskalten Bieres bedrängt, das bestimmt gut schmecken würde. Er sagt sich aber fest: Das ist nichts für dich, du bist Alkoholiker. Aber in seiner Vorstellung stellt er sich das Bier so plastisch vor, daß ihm das Wasser im Munde zusammenläuft. Weil sein Verlangen immer größer wird, redet er sich ein, daß er nach so vielen Jahren das Problem bestimmt bewältigt und fest im Griff habe. Kurze Zeit darauf sitzt er in einem Wirtshaus, trinkt zuerst ein Glas, dann noch eines ... den Rest können Sie sich denken. Seine Vorstellungskraft und sein Gefühl waren stärker als sein Wille.

Womit Sie sich also in Ihrer Phantasie beschäftigen, was Sie aufnehmen und was Ihr Denken prägt, hat bestimmenden Einfluß auf Ihr Tun.

Falsche Denkmuster

Wer mit depressiven Menschen zu tun hat, stößt immer wieder auf Äußerungen wie: Ich kann mich nicht mehr freuen, in mir ist alles leer und stumpf. Der Depressive weist jedes Angebot der Freude zurück. Positive Gedanken finden keinen Raum in ihm. Er ist für alles Schöne um ihn herum empfindungslos geworden. Ja, er nimmt es oft überhaupt nicht einmal mehr wahr. Dagegen werden negative Gefühle wie Angst und Schuld überdimensional stark empfunden. Der Depressive fühlt sich vom Schicksal benachteiligt, minderwertig, zum Leben auf der Schattenseite verurteilt, zum Leiden bestimmt. Er denkt, Gott habe ihn verworfen und peinigt sich mit Selbstanklagen. Das Gefühl, auf der ganzen Linie ein Versager zu sein, ist übermächtig.

Depressive Menschen klagen oft über die verschiedensten körperlichen Beschwerden, ohne daß eine organische Störung gefunden werden könnte. Dieses Phänomen ist heute hinlänglich bekannt. Der Volksmund hat dafür sehr treffende Ausdrücke: Wir *zerbrechen uns* über eine Sache *den Kopf,* ein ungelöstes Problem bereitet uns *Kopfschmerzen,* ein Mensch kann uns *auf dem Herzen liegen* oder ein Problem die *Kehle zuschnüren.* Schwierigkeiten können *auf den Magen schlagen,* und Zorn bringt *unser Blut in Wallung* oder läßt die *Galle überlaufen.* Wir *kochen vor Wut,* und es *rumort in den Gedärmen;* und wer kennt nicht aus eigener Erfahrung den Ausspruch *vor Schreck wie gelähmt* sein. Es gibt in der Tat kein Organ und kein Glied unseres Körpers, das nicht in eine seelische Auseinandersetzung hineingezogen werden könnte.

Viele Menschen - vor allem gläubige Christen - sind dann blockiert, wenn sie auf ihre Vergangenheit zurückblicken. Sie wagen nicht zu handeln und froh ihren Weg zu gehen, weil sie sich gestatten, den negativen Erinnerungen nachzuhängen und sich davon im Heute bestimmen zu lassen. Das ist ein großes Problem und führt oft zu schweren Depressionen. Dies müßte und dürfte aber nicht sein. Ein Mensch, der Vergebung seiner Schuld empfangen hat, darf sich nicht erlauben, in seiner Vergangenheit zu grübeln.

Paulus, der angesichts seiner Vergangenheit gewiß Grund gehabt hätte, in tiefe Depressionen zu verfallen, sagt sich selbst und auch uns: «Ich vergesse, was dahinten, strecke mich aber aus nach dem, was vorn ist, und jage auf das Ziel zu, hin zu dem Kampfpreis der Berufung Gottes nach oben in Jesus Christus» (Phil. 3,13).

«Ich», sagt er, «bin der geringste von den Aposteln, nicht wert ein Apostel zu heißen, weil ich die Gemeinde Gottes verfolgt habe. Aber durch Gottes Gnade bin ich, was ich bin, und seine Gnade gegen mich ist nicht vergeblich gewesen, sondern ich habe mehr gearbeitet als sie alle; nicht aber ich, sondern die Gnade Gottes, die mit mir ist» (1. Kor. 15,8–10).

Wir können daraus eine wichtige Lektion lernen. Paulus erzählt, wie er Zeit vergeudet, Jahre verschwendet hat. Er erzählt von der großen Schuld, die er auf sich geladen hatte. Wie leicht hätte er den Rest seines Lebens in vergeblicher Reue über seine Vergangenheit zubringen können. Er entschuldigte seine Vergangenheit nicht billig, sondern bereute sein vergangenes Leben bitter, *aber es lähmte ihn nicht,* weil er die Freiheit des Evangeliums verstanden hatte. Er war gewiß, daß ihm vergeben worden war, daß Jesus Christus stellvertretend für ihn die Strafe auf sich genommen hatte und ihn dadurch mit Gott versöhnt und zu seinem Kind gemacht hatte. Er glaubte dieser Verheißung, ließ die Vergangenheit hinter sich – die er ohnehin nicht ungeschehen machen konnte – und setzte sein Leben ohne Ballast fort mit einem festen Ziel vor Augen. Es ist töricht, Energie mit vergeblicher Reue über Dinge zu vergeuden, die wir nicht ungeschehen machen können. Unsere Vergangenheit muß bereinigt werden. Wir brauchen Vergebung unserer Schuld. Wer durch den Glauben an Jesus Christus mit Gott versöhnt ist, soll nicht mehr zurückblicken, sondern in der Gegenwart voll und ganz in der Nachfolge Christi leben.

Die Heilige Schrift zeigt uns an vielen Stellen den Weg zu einem erfüllten Leben. Unsere seelische Gesundheit, unser Verhalten, die Gestaltung unserer zwischenmenschlichen Beziehungen hängen davon ab, wie wir uns Gottes Wort aussetzen, ob wir den Rat unseres Schöpfers befolgen oder nicht. Der Psalm 119 ist dazu eine wahre Fundgrube. Eine Erkenntnis des Psalmisten möchte ich Ihnen weitergeben: «Ich behalte dein Wort in meinem Herzen, auf daß ich nicht wider dich sündige.»

Im Matthäusevangelium lesen wir: «Der Mensch lebt nicht vom Brot allein, sondern von einem jeglichen Wort, das aus dem Munde Gottes kommt.» Füllen wir unser Denken mit dem Wort Gottes! Es ist unsere große Chance, um den vielen negativen Einflüssen dieser Welt standhalten zu können.

Joseph und Maria – Vorbilder zum Nacheifern

Matthäus 1,18–24

Joseph und Maria waren verlobt. Dies bedeutete in der damaligen Zeit, daß alle Formalitäten für die Hochzeit schon abgeschlossen waren. Maria war dem Joseph fest versprochen, und in den Augen der Bevölkerung war das Liebespaar so gut wie verheiratet. Weder Joseph noch Maria waren reich oder gar begütert. Es handelte sich bestimmt nicht um eine Zweckheirat, noch sollten die beiden das Familienvermögen sichern. Was hatte also die beiden zusammengeführt? Schlicht und einfach Liebe! Schöneres kann man in diesem Zusammenhang nicht sagen. Wie viele Menschen behaupten ebenfalls, aus Liebe geheiratet zu haben. In der rauhen Zugluft der Welt türmen sich dann Schwierigkeiten und Nöte auf, und schon bricht diese Brücke der Zweierschaft zusammen; die Ehe geht in die Brüche.

Maria und Joseph waren sicher oft zusammen. Was haben sie einander alles erzählt, welche Pläne geschmiedet, wovon geträumt. Sicher war Joseph auf die Schönheit seiner Maria stolz. Er schätzte ihre Wärme, ihre Begeisterung und ihre Anteilnahme und Innerlichkeit. Maria war sicherlich stolz auf Josephs Geschicklichkeit. Wahrscheinlich hat Joseph seiner Maria gezeigt, wie er ein Haus bauen will und welche Zimmer es haben wird. Joseph war ja Zimmermann. Ein Zimmermann arbeitet mit Holz. – Mein Vater war Schreiner, und ich habe ihm oft zugeschaut, wie er Gegenstände hergestellt hat. Holz ist kein toter

Stoff. Holz ist gewachsen, Jahrringe sind die Spuren davon. Menschen, die mit Holz umgehen, werden sicher davon geprägt und bekommen ein Empfinden für die Natur.

Es werden aber manchmal Ehen geschlossen, bei denen man nicht so richtig froh wird und nur besorgt in die Zukunft schauen kann. Bei Maria und Joseph war das in jeder Hinsicht eine Freude, und die Leute im Dorf sahen wohlwollend auf dieses hübsche Paar. Einige ältere Frauen, unter der Last des Lebens gebeugt, murmelten verschmitzt: «Ein fürsorglicher Mann, dieser Joseph, und ein verständiges, zufriedenes Mädchen mit Herz.» Das alles tönt fast wie nach einer heilen Welt. – Und dann bricht irgendwann eine Veränderung in die Beziehung dieser beiden jungen Menschen. Maria hat sich verändert, ganz plötzlich, von einem Tag auf den andern. Ihre Augen haben einen andern Ausdruck. Sie spricht anders, obwohl dieselben Lippen die Worte formen. Was ist geschehen? Welches Geheimnis trägt dieses junge Mädchen unter ihrem Herzen? Maria spricht mit Joseph nicht darüber. Sie kann das, was sie erlebt hat, auch nicht mit Worten erklären. Wie sollte sie auch das Unfaßbare, dieses Wunder, beschreiben können. Wahrscheinlich ist Joseph beunruhigt. Was bedrückt seine Maria? Welches Geheimnis gibt sie nicht preis? Warum redet sie nicht mit mir? Ist es ein freudiges oder ein dunkles Geheimnis? Seine Phantasie macht mit ihm Sprünge. Aber dann legt er all diese Gedanken energisch zur Seite. Er sieht in den Augen Marias diesen Glanz und Frieden und weiß, daß es nichts Böses sein kann.

Und dann, nach einigen Wochen, nach zwei oder drei Monaten, geht Joseph ein Licht auf: Maria ist schwanger, seine Maria! Nicht von ihm, das weiß er ganz bestimmt! In seinem Kopf beginnt es zu hämmern. Ein anderer! Nun bricht für Joseph eine ganze Welt zusammen. Er verliert jede Freude am Leben. Seine Maria ist ihm untreu geworden!? Wie stach das in seinem Herzen, wie tat das weh. Alle Beschwichtigungsversuche und die Sicht anderer Menschen, daß dies vielen auch schon passiert sei, macht für Joseph die schwere Last nicht erträglicher. So wie wir diesen jungen Mann von der Bibel her kennen, muß er fassungslos gewesen sein und den Boden unter den Füßen verloren haben.

In solchen Situationen können Gedanken zu Mächten werden und einen Menschen tief in den Strudel der Eifersucht hineinziehen. Was denkt Joseph wohl alles in diesen Stunden? Sie hat mich verraten, betrogen, hintergangen. Was werden all die Leute im Dorf denken. Ich werde zum Gespött. Manche Neider werden mich auslachen. Und all die Pläne sind dahin. Alles ist wie ein Haschen nach Wind und die ganze Zukunft zerstört.

Josephs Leben ist aus den Fugen geraten. Soll er sich rächen? Soll er es Maria heimzahlen und sie bloßstellen? Im Alten Testament wurde Ehebruch mit dem Tode bestraft. Zur Zeit des Joseph war diese Todesstrafe nicht mehr üblich. Deshalb kommt nach dem Neuen Tesament für eheliche Untreue nur Scheidung in Frage. Joseph will aber seinen ganzen Frust und seine Not nicht so abreagieren. In seiner Not denkt er darüber nach, wie er seiner Maria, die er wirklich liebt, helfen könnte. Er reagiert also biblisch. Deshalb will er die Verlobung lösen, ohne damit Maria in Schande zu bringen. Liebe meint immer den andern. Liebe sucht das Beste für den andern.

In diese dramatische Situation hinein redet nun ein Engel und macht Joseph unzweifelhaft klar, was mit Maria passiert ist, und daß nicht ein fremder Mann und eheliche Untreue Ursache ihrer Schwangerschaft sind: Nein, Gott selbst hat dieses Mädchen erwählt, den Erlöser zur Welt zu bringen. Verstehen kann dies Joseph sicher nicht. Kein Mensch kann dieses Wunder fassen, wohl aber glauben und vertrauen.

Die Bibel redet selbstverständlich nicht positiv von der Ehescheidung, und Jesus Christus hat bei Untreue weder zur Scheidung aufgefordert noch eine Trennung empfohlen. Ganz im Gegensatz dazu unterstrich er immer wieder, daß die Ehe nach Gottes Plan unauflöslich ist. Der Maßstab Gottes ist weitaus strenger als derjenige der Rabbiner. Jesus anerkannte keinen der Scheidungsgründe, die die Rabbiner aus 5. Mose 24,1 ableiteten. Er erlaubte eine Ehescheidung nur im Falle sexueller Vergehen, eines Vergehens, das im alten Bund die Todesstrafe nach sich gezogen hätte. Nach dem Maßstab der Bibel liefern einzig und allein unerlaubte sexuelle Beziehungen einen Grund, die Ehe aufzulösen. Mit dieser Ausnahme unterstreicht Jesus Christus, daß es kein Ehebruch ist, wenn sich eine Person, deren Ehepartner untreu gewesen ist, scheiden läßt und allenfalls wieder heiratet. Damit wollte unser Herr sicher nicht die Scheidung wegen Unzucht fördern, sondern die Scheidung wegen anderer Gründe verbieten.

Aus einer scheinbar ausweglosen Situation zeigen uns Maria und Joseph den wirklichen Ausweg. Maria und Joseph handelten vorbildlich. Da Elisabeth, die Frau des Priesters Zacharias, mit Maria verwandt war (Lukas 1,36), müssen wir annehmen, daß Maria selbst aus dem priesterlichen Geschlecht der Leviten stammte. So steht Maria – die Schwelle des neuen Testamentes ist noch nicht überschritten – als Priestertochter da und ist vor Ehevollzug schwanger! Nach 3. Mose 21,9 drohte ihr als Priestertochter eine harte Strafe. Überdies schmerzte Maria aber ganz besonders der Verdacht ihres Bräutigams, den sie doch liebte. Vor Gott wußte sie sich unschuldig. Ihr Gewissen war rein. Trotzdem hat sie sich nicht gerechtfertigt und ihre Ehe wiederhergestellt. Joseph wollte Maria «der Schande nicht preisgeben» und sie deshalb ohne Angabe von Gründen entlassen. «Entlassen» ist nach 5. Mose 24,1ff. die Scheidung durch einen Scheidebrief. Joseph wollte also seine Maria, soweit es ihm möglich war, schützen. Das übrige stand nicht mehr in seiner Macht. Beide lebten in gegenseitiger Vergebung. Wie wurden die beiden einander wieder geschenkt! Sie hüteten ein gemeinsames Geheimnis. Joseph hat seine Maria dann sicher besonders behutsam behandelt, und die beiden bereiteten Gott mit ihrem Leben Freude.

Vergebung

In der Bergpredigt sagt Jesus Christus unmißverständlich: «... und vergib uns unsere Schulden, wie auch wir vergeben haben unseren Schuldnern» (Matthäus 6,11+12). Wer unversöhnlich denkt, zerstört die Gemeinschaft mit Gott und versklavt sich selbst. Die Basis aller zwischenmenschlichen Beziehungen muß in der gegenseitigen Vergebung verankert sein. Maria und Joseph sind hier ein leuchtendes Vorbild. Schuld wiegt schwer. Deshalb müssen wir im Zusammenleben einen Weg finden, um diese Schuldfrage zu lösen. Jede Frau kann egoistisch sein und ihren Mann ärgern und ihm gegenüber sehr gehässig reagieren. Männer können roh, ohne Empfindungsvermögen und grob sein. Die Frage der gegenseitigen Schuld in einer Ehe muß gelöst werden können. Ohne gründliche Vergebung gibt es keine harmonische, glückliche und erfüllte Ehe, denn Mann und Frau sündigen, tragen Schuld, die getilgt werden muß. Wie schwer kommen diese vier kleinen Worte oft über unsere Lippen: «Es tut mir leid!» Wer als Mann oder Frau nicht die Hand der Versöhnung reicht, verunmöglicht ein wirkliches Einssein. Keine Kraft der Welt ist so groß wie die Kraft der Vergebung. Atombomben können Städte dem Erdboden gleichmachen, sie erreichen aber kein verhärtetes Herz und richten keinen gramgebeugten Rücken auf, können weder eine zerbrochene Ehe heilen noch die Macht der Sünde brechen. Nur durch den Glauben an Jesus Christus wird unsere Schuldfrage gelöst. Wem vom lebendigen Gott vergeben worden ist, der darf und muß selbst auch vergeben. An die Vergebung sollen wir nicht nur glauben, sondern auch danach leben und handeln. Ich will in diesem Buch nie zur Ehescheidung raten, sondern auf den viel, viel besseren *Weg der Vergebung* hinweisen.

BEZAHLT
am

Fragen und Antworten

Mein Mann ist mir untreu. Ich möchte ihn aber keinesfalls verlieren, denn von meinem christlichen Standpunkt aus kann ich eine Scheidung nicht akzeptieren. Obwohl ich mich wie ein «alter, weggeworfener Regenschirm» fühle, versuche ich, meinen Mann zu lieben, rede mit ihm, bin ihm untertan und beuge mich wirklich auch unter meiner eigenen Schuld. Ich merke aber, daß sich mein Mann immer weiter von mir entfernt. Was soll ich denn da noch tun?

Ihre Situation ist nicht einfach, und Sie tun gut daran, das Wort Gottes als Maßstab zu nehmen. Doch hier bedarf es m.E. zuerst einer gründlichen Klärung: Wir müssen Scheidung unmißverständlich als Folge von Sünde ansehen und uns bewußt werden, daß wir an vorangegangenen Ehemiseren nie ganz unbeteiligt waren. Die Bibel zeigt Ihnen auch das Prinzip des «Untertanseins» auf. Für uns Christen gilt andererseits aber auch das Prinzip, daß wir «keinen sündhaften Weg unterstützen» sollen. Deshalb dürfen Sie das ehebrecherische Verhalten Ihres Mannes nicht bereitwillig billigen. Sie sollten ihn zur klaren Entscheidung anhalten!

Gerade als Christin wissen Sie, daß Sie aufgrund Ihrer grundsätzlichen Geborgenheit in Gott, dem Herrn, innere Festigkeit haben können. Es gibt Frauen, die sich in solchen Situationen zu einer selbstverachtenden Unterwürfigkeit degradieren, Frauen, die sich wie eine Klette am untreuen Partner festhängen, als wäre er der einzige Lebensinhalt. Und aus Angst, ihn zu verlieren, tolerieren sie, daß er einmal mit der Freundin und dann wieder mit der eigenen Ehefrau nach Belieben schläft. Daß dies aber eindeutig gegen das biblische Prinzip verstößt, wonach wir keine sündhaften Wege unterstützen sollen, ist Ihnen sicherlich klar.

Darüber hinaus fördert, rein psychologisch gesehen, ein solches Verhalten die Verachtung des untreuen Partners seiner Ehefrau gegenüber nur noch. Er wird umsomehr alles daran setzen, sich der «lästigen Laus» zu entledigen, die ihm «da im Fell sitzt». Deshalb birgt die klare, konsequente und würdevolle Haltung der christlichen Ehefrau weit größere Chancen in sich, die Ehe doch noch zu retten.

Auch wenn Ihr untreuer Partner weiterhin in seiner Sündhaftigkeit verharrt und sogar eine für Sie negative Entscheidung trifft, ist die aufrichtige und biblische Haltung der richtige Weg. Unterwürfige Kompromisse und Friedensverhandlungen «um jeden Preis» sind nicht nur unbiblisch, sondern meist auch selbstzerstörerisch und erfolglos.

Daher heißt es auch in 1. Kor. 7,15: «Will sich aber der ungläubige Teil scheiden, so scheide er! Der Bruder oder die Schwester ist in solchen Fällen nicht gebunden. In Frieden aber hat uns Gott berufen.»

Ehebrecherisches Verhalten kann ein wiedergeborener Christ nicht tolerieren. In diesem Fall ist sogar – nach Matth. 19,9 – eine Scheidung gerechtfertigt! Das darf aber für den verletzten Partner kein «Freibrief» sein, sich einfach scheiden zu lassen, weil er endlich einen Grund gefunden hat, den sowieso überdrüssigen Partner loszuwerden.

Wenn Sie Ihren ehebrecherischen Gatten mit aufrichtigem und liebendem Herzen herausfordern (nicht mit Ärger und Groll überhäufen) und ihn vor eine biblische Entscheidung stellen, geben Sie ihm eine wahre Chance zur Umkehr. So kommt er eher dazu, sich zwischen «gut und böse» zu entscheiden, statt sich auf dem – von Ihnen tolerierten – Weg ins Verderben weiterzubewegen. Beten Sie darum, den richtigen Zeitpunkt für diese notwendige Konfrontation zu erkennen, suchen Sie einen biblisch orientierten (nicht einfach einen «religiösen») Seelsorger auf, der Sie auf diesem schweren Weg unterstützt, und rechnen Sie mit Gottes Wirken an Ihrem Ehemann.

Ist es nicht geboten, sich dem untreuen Mann auch weiterhin einfach unterzuordnen, um zu versuchen, ihn doch noch zurückzugewinnen?

Sich unterordnen und das Unterstützen eines sündhaften Weges sind jedoch zwei Paar Schuhe. Unterordnen würde beispielsweise heißen: Der Mann hat sich für die Installation eines beigefarbenen Telefonapparates entschieden (obwohl seine Frau doch so gerne einen roten gehabt hätte)! Die Ehefrau verzichtet nun aus glaubender Haltung heraus auf innerliche und äußerliche Rebellion. Sie akzeptiert die Entscheidung ihres Ehemannes. Verlangt ihr Mann jedoch zur gegebenen Zeit, sie solle in einem Telefongespräch eine Unwahrheit sagen (z.B. «er ist gerade nicht anwesend»), dann dürfte sie dies als Christin nicht tun, denn damit würde sie ihren Mann auf seinem sündhaften Weg der Unehrlichkeit und der Lüge aktiv unterstützen.

Ich denke dabei an eine Ehefrau, die aus falschverstandener biblischer Lehre sogar auf Verlangen ihres Mannes das Schlafzimmer geräumt hatte, damit dieser ungestört seinem ehebrecherischen Treiben frönen konnte. Die Ehe ging schließlich trotzdem auseinander. Die Chancen, die Ehe doch noch zu retten, wären höher gewesen, wenn diese Ehefrau ihrem Mann in ruhiger Entschiedenheit erklärt hätte, daß sie keinesfalls gewillt sei, ein solches Verhältnis zu unterstützen!

Wir müssen uns bei diesem heiklen Thema ja auch klarwerden, was sich in der Psyche des untreuen Partners abspielt. Ist es nicht so, daß er sich in einem abgesperrten Käfig gefangen fühlt und deshalb um Befreiung aus diesem Frust kämpft? Wird der untreue Partner nun einfach mit Anklagen überhäuft, oder klammert sich der betrogene Ehepartner mit Flehen und Betteln verzweifelt an ihn, verhärtet dies natürlich noch die Gitter des Ehekäfigs, und der Drang nach Befreiung von diesen «Liebesbanden» wird immer fordernder. Ferner kann man meist auch eine tief verachtende Einstellung des untreuen Partners gegenüber seinem Ehegefährten feststellen. Der andere hat keinen «Wert» mehr, Respekt und Achtung gehen in dieser Beziehung verloren. Was wird wohl der Wiedererlangung der Achtung eher förderlich sein: Wenn sich die Ehefrau zur «Türmatte» degradiert, sich mit großem Heulen dem untreuen Mann um den Hals wirft und zu allem bereit ist, damit der Mann «nur bei ihr bleibt»? Oder wenn die Ehefrau (die ihren Mann vielleicht tatsächlich als «ihren Besitz» angesehen hat) eine, aus der Geborgenheit Gottes sichere Haltung an den Tag legt und erklären kann: «Ich liebe dich, aber dein Verhältnis kann ich nicht akzeptieren. Entweder du löst es auf, oder du mußt gehen. Ich werde dann mit Gottes Hilfe auch allein zurecht kommen...!»

Da öffentlich begangener Ehebruch größter Ausdruck der Mißachtung dem Ehepartner gegenüber ist, und sich der betrogene Ehepartner dadurch ohnehin minderwertig fühlt und – ein erstaunliches, aber verbreitetes Phänomen – gerne die größte Schuld der Misere auf sich nimmt, würde auch alles Anflehen, Betteln, Zornigsein, Manipulieren und Friedenschaffen um jeden Preis, nicht nur die Verachtung seitens des untreuen Menschen vertiefen, sondern auch die Selbstachtung des betrogenen Partners völlig zerstören. Bricht dann die Ehe auseinander, kommt der betrogene Partner alleine doch nicht mehr zurecht, denn er hat sich durch seine Kompromisse selbst Schuld aufgeladen und außerdem die Selbstachtung verloren.

Dagegen schaffen «klare Grenzen» wirkliche Ordnung und wahren Frieden: «Ich liebe dich; aber du kannst diese Grenzen der Achtung nicht überschreiten, sonst hat es Konsequenzen!» - ein Prinzip, das - wie christliche Eltern wissen - z.B. auch in der Kindererziehung von großer Wichtigkeit ist und der familiären Sicherheit und Geborgenheit dient.

Klarheit über die inneren Abläufe kann Ihnen vielleicht auch das Zustandekommen einer Ehebeziehung verschaffen:

Da will ein junger Mann am liebsten sein Mädchen «erobern».

Je gelassener sich das Mädchen gibt, um so stärker wird der «Eroberungsdrang» sein. Würde aber dieses sympathische, anziehende Mädchen dem jungen Mann plötzlich wie ein Dackel nachlaufen, würde es ihn bespitzeln, Eifersuchtsszenen veranstalten und damit verdeutlichen, daß es den jungen Mann mit allen Mitteln einfangen möchte, so dürfte jedermann klar sein, daß dies keineswegs die Beziehung fördern würde - genausowenig würde sich dieses Verhalten in ehelichen Konfliktsituationen bewähren.

«Gehöre bitte, bitte ganz mir, sonst nehme ich mir das Leben» - diese Haltung zerstört die Achtung voreinander und damit einen wichtigen Aspekt eines erfüllten Ehelebens!

Sollten wir einem untreuen Partner nicht seinen Ehebruch vergeben? Einander vergeben und «aus dem Haus werfen»; schließt das eine das andere nicht aus?

Ich möchte hier nochmals betonen, daß die biblische Reaktion auf irgendeine Sünde des Ehepartners nie sein kann: Groll, aggressives Anklagen, zorniges «aus dem Haus werfen» oder irgendwelche Racheakte und Vergeltungsschläge. Gerade hier zeigt sich die Wichtigkeit der Vergebung, die Sie erwähnen. Diese Vergebung, die ein Christ praktizieren sollte, heißt ja: Ich verzichte auf Rache, Vergeltung und Genugtuung! Verletzt mich beispielsweise ein Glaubensbruder durch ein grobes Wort, dann werde ich ihm *zuerst* (vor einem ermahnenden Gespräch) *vergeben,* d.h. ich verzichte auf «Rache» (die ich z.B. dadurch nehmen könnte, indem ich ihn vor anderen schlecht mache und übel über ihn rede). Dann ist, nachdem ich Vergebung ausgeteilt habe, das Problem *für mich* gelöst. Allerdings noch nicht für den schuldig gewordenen Glaubensbruder. Je nach Situation beschäftige ich mich nun mit *seinem* Problem der Empfindungslosigkeit und helfe ihm (biblisch «ermahnen»), es zu lösen. Habe ich nicht ihm zuerst vergeben, werde ich mich gar nicht erst mit *seinem* Problem beschäftigen können, denn es ginge mir in diesem Fall nur darum, durch meine «ermahnenden Worte» meine Aggressionen auf ihn zu entladen. (Wie oft muß man in so manchen «klärenden» Gesprächen leider diesen Sachverhalt feststellen!)

Denken wir doch auch hier an das anschauliche Beispiel, das unser Herr Jesus am Kreuz gegeben hat: «Herr, vergib ihnen, denn sie wissen nicht, was sie tun!» Damit hat Jesus persönlich auf Groll, Rache und Vergeltung seinen Peinigern gegenüber verzichtet. Damit war *seine* Gesinnung klar und rein – das Problem der Peiniger war damit aber nicht geklärt, denn ihr schuldiges Verhalten lastete ja weiter auf ihnen (und damit auch das Gericht Gottes). Ebenso war es auch bei der Steinigung des Stephanus (Apg. 7), der persönlich auf Rache, Zorn und Vergeltung verzichtete. Paulus jedoch, in dessen Auftrag die Steinigung geschah, erlangte die Vergebung erst, als er sich später persönlich für den Messias entschied.

Ich werde darum auch meinem untreuen Ehepartner seinen Ehebruch erst vergeben können, wenn ich bewußt auf Groll, Rache, Vergeltung oder Genugtuung verzichtet habe. Darum ist ein einmaliger Ehebruch auch kein Grund für eine Scheidung. Kehrt der untreue Partner dann um und nimmt die Vergebung seines Partners und damit die Vergebung Gottes dankbar an, kann die Ehebeziehung wieder gänzlich heil werden. Der betrogene Partner wird also in jedem Fall zuerst Vergebung austeilen und auf Rache oder Vergeltung verzichten. Damit ist *sein* Problem gelöst, nicht aber dasjenige des untreuen Partners. Kehrt dieser nämlich nicht um, so wird die Schuld des Ehebruchs auf ihm bleiben. Will er seine ehebrecherische sündige Beziehung weiterpflegen, muß er die Konsequenzen tragen!

Der betrogene Christ soll und kann also seinem untreuen Partner vergeben (auf Vergeltung verzichten) und ihm gleichzeitig erklären, daß er keinen sündhaften Weg unterstützen wird. In einigen Fällen hat sich der untreue Partner, gerade weil er in solch liebender und auch würdiger Haltung vor die

Entscheidung gestellt wurde, tatsächlich klar entschieden und ist von seinem falschen Weg umgekehrt.

Es ist doch klar, daß auch der betrogene Ehepartner stets an der Ehemisere mitschuldig ist. Deshalb darf man doch nicht nur den untreuen Partner verurteilen!

Nun, man soll *den Partner* nie verurteilen, sondern stets *dessen sündhaftes Handeln.* Auch soll man sich selbstverständlich unter der eigenen Mitschuld beugen, sie Gott bekennen und – wenn man sich konkreten schuldigen Verhaltens bewußt wird – den Partner dafür um Verzeihung bitten. Doch schließt dies wiederum nicht aus, daß man sich weigern soll, einen ehebrecherischen Weg zu tolerieren. «Ich bin ja selbst so unverständig und fehlerhaft gewesen. Ich will Gott wieder an mir arbeiten lassen... (Bis hierher wäre die Aussage in Ordnung!) ... «pflege du derweilen nur deine ehebrecherische Beziehung weiter... (Nein! Das würde heißen: Ich unterstütze diese Sünde!) Sondern: ...«aber deinen ehebrecherischen Weg kann ich trotzdem nicht akzeptieren. Du mußt dich entscheiden!»

Verständnis ist gut, und daher auch ein gutes Mittel gegen das ebenfalls sündhafte «verdammen», «verachten» oder «zur Sau machen». Doch sollten wir einem Drogensüchtigen – trotz aller Hilfsbereitschaft, Liebe und innerer Anteilnahme – keinen «Stoff» besorgen! Und auch einen Ehebrecher sollten wir vor die Entscheidung stellen, zwischen «gut» (und vielleicht mit der Hilfe eines biblischen Seelsorgers) und «böse» klar zu wählen.

Gewiß gibt es bei einem Ehebruch «mildernde Umstände» (Mitschuld des Ehepartners). Doch die Hauptschuld, der Ehebruch selbst, der ja wahrer Ausdruck von Mißachtung und Egoismus ist, bleibt!

Der betrogene Ehepartner darf keine Schuld auf sich nehmen, die sich in Wirklichkeit der andere aufgeladen hat. (Oftmals hat man bei Berichterstattungen ja den Eindruck, ein «vergewaltigtes Opfer» habe weitaus mehr Schuld als der Triebverbrecher, der ja schließlich krank sei...) Dieses stellvertretende Schuld-auf-sich-Nehmen kann nur einer: Jesus Christus; und zwar bei jenen Menschen, die dieses stellvertretende Opfer des Gottessohnes ehrlich für ihr persönliches Leben in Anspruch nehmen wollen.

Ich meinte bisher, ich hätte die Pflicht, die Untreue meines Mannes zu ertragen und den Schleier der Verschwiegenheit darüber auszubreiten. Nicht so sehr wegen mir, sondern wegen der Kinder und unserer Kirche, in der mein Mann aktiv mitarbeitet. War das falsch?

Selbstverständlich wäre es eine sündhafte Reaktion von Ihnen gewesen, hätten Sie Ihren Mann bei Ihren Kindern, Verwandten oder vor Gemeindegliedern schlecht gemacht. Sie unterstützen jedoch durch Ihr Vertuschen das bewußt sündige Leben Ihres Mannes. Er führt anscheinend nicht nur seinen Ehebruch weiter, sondern heuchelt auch in Ihrer Kirchgemeinde. Auch Sie müssen Ihren Mann vor die Entscheidung stellen (Gott tut dies auch mit den Menschen; deshalb gibt es nur «Freiwillige» - im Himmel und in der Hölle). Entscheidet er sich für das Böse, dann muß er wissen, daß Sie in der Folge einen verantwortlich handelnden und biblisch gesinnten Gemeindeleiter in Kenntnis setzen werden. (Die biblische Lehre der «Gemeindezucht» hat bei manchen Christen schon sehr heilsam gewirkt. Vertuschen verhindert auch hier ein - zwar hartes, aber oft letztmögliches - erzieherisches Mittel Gottes.)

Es ist ja tragisch, daß die Leidtragenden in einem zerstörten Eheverhältnis stets die Kinder sind. Daß Sie besonders Ihre Kinder schützen wollten, ist sehr verständlich und auch begrüßenswert. Doch müssen Sie sich klarmachen, daß Ehebruch zuerst immer Leid und Not auslöst. Sie können - um der Kinder willen - auch nur zwischen zwei notvollen Wegen wählen: Vertuschen, mit stets größer werdender Heuchelei, wachsender Verachtung und zerstörerischer

Atmosphäre in der Familie, oder eine Entscheidung herbeiführen mit der Chance zur Heilung, aber auch mit dem Risiko der endgültigen Scheidung. Ich bin aber davon überzeugt, daß sich Gott zu Ihnen und den Kindern stellen wird, wenn Sie eine klare biblische Haltung einnehmen, die Ihrem untreuen Mann *signalisiert:* «Ich liebe dich bedingungslos, aber ich will auch Jesus nachfolgen und kann daher deinen Ehebruch nicht unterstützen. Möchtest du mich auf dem Weg der Nachfolge begleiten, kann ich mich sehr darüber freuen; wenn nicht, dann kann und will ich dich nicht dazu zwingen. Du mußt aber die Konsequenzen für dein verantwortungsloses Handeln selbst tragen. Ich glaube an Gott und weiß mich geborgen in ihm. Ich möchte nach seinem Wort leben, und er wird dazu stehen!»

Diese Forderung zur Entscheidung gilt natürlich nicht für Eheverhältnisse, in denen ein Partner einfach seinen eigenen Weg in ungläubiger Weise gehen will (ohne Ehebruch). Der gläubige Partner ist dann dazu angehalten (1. Kor.7), beim ungläubigen Teil zu bleiben, mit der Absicht, ihn für Christus zu gewinnen. Doch auch hier ist die Grenze eindeutig: Verlangt der ungläubige Partner vom gläubigen Ehegefährten, daß dieser einen sündhaften Weg aktiv unterstützen solle (z.B. sich irgendwelchen gewalttätigen Aktionen oder Perversionen hinzugeben, oder bei Betrug und Götzendienst aktiv mitzumachen), dann muß auch hier der gläubige Ehepartner eine klare, gottgewollte Haltung einnehmen. Stört diese klare Haltung den ungläubigen Ehepartner so sehr, daß er nicht mehr bleiben will, - so sagt es 1. Kor. 7 - kann der ungläubige Partner gehen, und der gläubige ist in diesem Falle «nicht gebunden».

Kann man als Christ in einer schwerwiegenden Ehesituation eine Trennung befürworten (nicht Scheidung!)?

Es kommt hier selbstverständlich auf das Motiv an. Eine Trennung (z.B. um einen Partner vor die Entscheidung zu stellen) sollte stets die Heilung der Ehe zum Ziel haben, dann könnte man diesen Schritt in gewissen Situationen auch bejahen.

Unsere Ehe droht nicht daran zu scheitern, daß der «untreue Partner» (ich selbst!) keine Umkehr vollzogen und um Verzeihung gebeten hätte, sondern, unser Problem ist da anders gelagert: Ich war meiner Frau untreu. Doch ich habe dann sofort alle Beziehungen abgebrochen, meinen Fehltritt vor Gott und den Menschen bekannt und um Verzeihung gebeten mit der aufrichtigen Absicht, künftig ein treuer Ehemann zu sein. Doch meine Frau sagt, sie könne mir niemals vergeben, weil ich sie zu sehr verletzt hätte. Was kann ich da noch machen?

Das Problempendel in Ihrer Ehe schlug tatsächlich in die andere Richtung aus. Ihre Ehe droht nicht daran zu scheitern, daß der «untreue Partner» keine Umkehr vollzieht, sondern daß der «treue Partner» nicht vergeben kann. Hier liegt das Problem darin, daß Ihre Frau gerechter sein möchte als Gott selbst, ja, daß sie wahrscheinlich den Einblick in ihre eigene Sündhaftigkeit nicht hat; denn wie könnte ich einem Menschen, dem Gott zuerst vergeben hat, nicht auch vergeben? Auch Ihre Frau muß vor die Entscheidung gestellt werden: Entweder sie entscheidet sich dazu, Ihnen zu vergeben, oder sie muß die Schuld am Scheitern der Ehe mit allen Konsequenzen selbst tragen. Dabei können und sollen Sie von Ihrer Frau keine «gefühlsmäßige Vergebung» erwarten. Die seelischen Wunden eines Ehebruchs sind tatsächlich sehr tief und brauchen für die Heilung viel Zeit. Ein Gesundungsprozeß kann aber nur dann einsetzen, wenn der verletzte Partner bereit ist, *willentlich* (auch gegen jedes Gefühl!) Vergebung auszusprechen, erst wenn er bereit ist, sich für den Kampf des Vergebens zu entscheiden (auch wenn die «alten Gefühle» immer wieder hochkommen wollen).

Muß Ehebruch immer zur Scheidung führen?

Ich nehme an, bei dieser Frage geht es um Ehepartner, die Christen sind. Wenn Versöhnung möglich ist, dann ist Versöhnung der biblische Weg! Versöhnung ist aber dann nicht mehr möglich, wenn sich der ehebrecherische Partner verbindlich an einen anderen Partner hängt (also wiederum «verläßt», einem anderen Partner «anhängt» und mit ihm «ein Fleisch wird»). Fällt ein Partner dagegen in die Sünde des Ehebruchs, und ist er bereit umzukehren, um an der ursprünglichen Ehe festzuhalten, dann sollte der betrogene Partner «vergeben, wie auch Christus uns vergeben hat», nämlich in der Gesinnung der Gnade (= *unverdiente* Liebe). Ein Partner, der selbst die unverdiente Vergebung Gottes in seinem schmutzigen Leben erfahren hat, der wird auch diese Vergebung an einen gefallenen Partner weitergeben können.

Was hat die Tatsache, daß ein Jude, der einem Mädchen beiwohnte, diese zur Frau nehmen mußte, für mich als neutestamentlichen Christen zu bedeuten?

Nun, zuerst muß nochmals eindeutig festgehalten werden, daß Gott *einen* Mann und *eine* Frau zu einer Ehegemeinschaft zusammenfügt. Gottes Wille ist ausschließlich Monogamie, das lesen wir in 1. Mose 1+2, davon reden auch die Propheten in Mal. 2,16; Hos. 2,18; Jes. 54,5 und Jer. 2,2. Daß Gott bei manchen Juden Polygamie zugelassen (nicht gutgeheißen!) hat, hängt zum großen Teil mit den kulturellen Gegebenheiten der damaligen Zeit zusammen (wie wir bereits gesehen haben: Schutz der Frau). Nichtsdestoweniger führte die Polygamie stets zu großen Schwierigkeiten. Ein Vergleich: Gott wollte auch keinen menschlichen König über Israel; daß es trotzdem dazu kam, hat er wohl zugelassen (nicht gutgeheißen), aber die verheerenden Folgen mußte das Volk Israel auch stets selbst tragen.

Wir befinden uns in 5. Mose 22 ja ausschließlich auf dem Boden des AT und den besonderen Verordnungen für das auserwählte Volk Israel. Die Gesetze und Verordnungen haben für uns aber «Hinweischarakter». So zeigt uns die oben erwähnte Verordnung, daß ein Mann, der ein Mädchen entjungfert, eine große Verantwortung für das Mädchen hat. Praktisch heißt dies für uns: Ein Mann, der zum Glauben an Christus kommt, muß – falls er mit verschiedenen Mädchen Intimverkehr gehabt hatte – seine Verantwortung wahrnehmen, indem er seine Schuld bekennt, und – ganz praktisch gesehen – wenn er ein uneheliches Kind gezeugt hat, auch für die Versorgung aufkommt. Die echte christliche Gesinnung, die Folge von echter Umkehr, wird jedenfalls versuchen, so gut wie möglich alles zu regeln, was man im «alten Leben» zerstört hat.

Ich kenne ein Paar, das schon seit 4 Jahren in wilder Ehe zusammenlebt und ein Kind hat. Der Mann ist kürzlich an Christus gläubig geworden. Wie muß er sich verhalten?

«In wilder Ehe» heißt hier wohl einfach: ohne Trauschein. Das Fehlen dieses gesetzlichen Schutzes ist natürlich besonders der Frau gegenüber eine große Lieblosigkeit. Der nun gläubig gewordene Mann muß daher zuerst danach trachten, daß seine Partnerin diesen Schutz bekommt - er muß «aufs Standesamt». Keinesfalls kann er sagen, er sei ja nicht «verheiratet»; denn er hat - liebloserweise nicht öffentlich-rechtlich - aber doch «verlassen und angehangen», indem er bezeugte (vielleicht vor der Verwandtschaft, mindestens aber durch Beziehen der gleichen Wohnung), daß er mit dieser Partnerin leben möchte. So hat er also nun dieselbe Verpflichtung, die auch ein standesamtlich verheirateter Mann hat, nachdem er gläubig geworden ist: «Wenn ein Bruder eine ungläubige Frau hat, und diese ist einverstanden, bei ihm zu wohnen, so soll er sie nicht verstoßen... oder was weißt du Mann, ob du die Frau retten kannst?» (1. Kor. 7,12+16). Das Ziel, warum ein gläubiger Partner beim ungläubigen bleiben soll, hat, wie wir in 1. Kor. 7 sehen, stets mit der Möglichkeit der Errettung des ungläubigen Partners zu tun, und gegebenenfalls auch mit jener der Kinder, so welche da sind (Vers 14b).

Es wäre jedenfalls falsch zu behaupten, nur dann, wenn ein Trauschein des Standesamtes vorhanden sei, sei ein gläubiger Partner dazu verpflichtet, die Verantwortung aufgrund von 1. Kor. 7,12 gegenüber seinem ungläubigen Partner wahrzunehmen! Auch jener, der «in wilder Ehe» lebt, hat diese Verpflichtung genauso wie jener gläubig Gewordene, der mit seinem Partner auf dem Standesamt war.

Ich habe gerade Kenntnis von einem Fall, wo ein Mädchen gläubig wurde, das einen «festen Freund» hat, mit ihm auch schon intim war, der aber nun absolut nichts mit dem Glauben an Christus zu tun haben will - allerdings unbedingt mit dem Mädchen zusammenbleiben möchte. Wie ist diese Situation zu beurteilen?

Bei all diesen Situationen ist es sehr wichtig, daß wir keine richterlichen Urteile zu fällen, sondern seelsorglich zu helfen haben. Es ist ja in unserer Zeit keine Seltenheit, daß man einfach «einen Freund» hat, mit dem man intim ist. Dann wird dieser Freund gegen einen anderen ausgetauscht usw. Das Intimsein ist und bleibt auch für dieses nun gläubig gewordene Mädchen vorweggenommener Ehevollzug! Doch würde ich hier schon eine Unterscheidung zum vorhergehenden Fall (wo das Verlassen und Anhangen klarer bekundet wurde) treffen, denn eine Sünde (Unzucht) kann nicht wieder gutgemacht werden durch eine neue Sünde (Heirat des ungläubigen Sexualpartners). Dies ist ein wichtiges seelsorgliches Prinzip!

So wäre dem gläubigen Mädchen sicherlich klar zu raten, daß sie sich a) mit sofortiger Konsequenz von ihrem Sexualpartner trennt, b) Ihre Schuld vor ihm bekennt und c) für ihn betet und sicherlich auch eine Zeitlang wartet, ob dieser Mann nicht doch zum lebendigen Glauben an Christus durchdringt, so daß eine spätere, gottgewollte Heirat zustande kommen könnte.

Jeder hat wohl hier seine Meinung. Und ich bin der absoluten Überzeugung, daß ein Geschiedener nie wieder heiraten darf!

Jeder hat das Recht auf freie Meinungsäußerung. Doch ganz abgesehen von der biblisch-lehrmäßigen Grundlage: Behalten Sie Ihre Meinung bitte *für sich*, und hüten Sie sich davor, Mitmenschen einfach eine Last aufzubürden, die nur in Ihrer Meinung begründet ist! Es besteht, seelsorglich gesehen, ein großer Unterschied darin, ob ich meine, der Hebräerbrief sei auf jeden Fall von Paulus geschrieben - und diese Meinung auch von meinen Mitgeschwistern fordere, oder ob ich überzeugt bin, ein Geschiedener dürfe auf keinen Fall wieder heiraten - und die *Folge dieser Meinung* von Mitgeschwistern verlange, so daß sie gezwungenermaßen alleinstehend bleiben!

Wie ist nun 1. Korinther 7,11 zu verstehen?

Paulus schreibt hier zuerst einmal an Christen, also an gläubige Menschen. Der 1. Korintherbrief kam aufgrund von Fragen zustande, die die Korinther dem Paulus zukommen ließen. Paulus geht auf diese Fragen ein und bringt Ordnung in die große korinthische Unordnung. Den verheirateten Korinthern sagt er im Vers 11, daß solche *Christen* von Korinth, die sich bereits wieder haben scheiden lassen (aus irgendeinem Grund - außer wegen Ehebruch, s.o.), sich versöhnen oder unverheiratet bleiben sollen. Zwei Christen, die sich - außer wegen Unzucht (Ehebruch) - scheiden lassen, haben folglich keine Möglichkeit zur Wiederheirat.

Was bedeutet die Stelle in 1. Tim. 3,2+12 und in Tit. 1,6, daß ein Ältester oder ein Diakon der Gemeinde nur eine Frau haben darf?

Es ist hier nicht gemeint, daß ein Mann nicht zwei Frauen gleichzeitig haben soll, das verstanden nämlich die damaligen Christen bereits richtig. So bleibt also nur die Alternative: Ein Leiter der Gemeinde darf nur einmal verheiratet sein. Diese Anordnung Gottes hat absolut nichts damit zu tun, daß Älteste oder Diakone besser als «andere» Christen sind, sondern, daß Gott durch diese Führungsgabe in der Gemeinde zeichenhaft darstellen will, wie er sich göttliche Ehegemeinschaft ursprünglich vorgestellt hat: ein Mann und eine Frau lebenslang in Treue und Liebe verbunden. Dasselbe gilt auch für die Bedingung: «gläubige Kinder», die nach Tit. 1,6 ein Ältester haben muß, damit er seinem «Hause wohl vorstehen» kann (1. Tim. 3,4+12). Auch dadurch will Gott in einer christlichen Gemeinde zeichenhaft zum Ausdruck bringen, wie er sich göttliches Familienleben vorgestellt hat. Selbstverständlich können auch Christen, die keine gläubigen Kinder haben oder solche, die nicht nur einmal verheiratet sind, ohne Einschränkung von Gott gebraucht werden, ein großer Segen in der Gemeinde sein und in ihrem Jüngerschaftsleben reiche Frucht bringen. Nur als Älteste will sie Gott nicht haben (was absolut keine Abwertung des Betreffenden darstellt), weil Gott durch diese Gnadengabe etwas Zeichenhaftes zum Ausdruck bringen möchte. Genauso will er dies (das Ursprungsbild der Ehe) durch jene Witwen zum Ausdruck bringen, die in diesem besonderen Gemeindedienst stehen, dem eine entsprechende Liste zugrunde liegt (1. Tim. 5,9). Jene Witwen müssen mindestens sechzigjährig und eines Mannes Weib gewesen sein. Es ging hier offensichtlich um ein Verzeichnis von Witwen, die in der Gemeinde bestimmte Aufgaben übernahmen, spezielle Vertrauenspersonen waren. Dagegen wird jüngeren Witwen empfohlen, wieder zu heiraten, wenn sie Begehren nach einem Manne haben (1. Tim. 5,11).

Zeichenhaft wollte Gott den ursprünglichen Ehegedanken auch unter seinem Volk Israel durch die Priester zum Ausdruck bringen (gerade hier dürfte jedermann klar werden, daß Gott damit nicht meinte, die Priester seien «besser» als das übrige Volk – die neutestamentliche Gemeinde kennt ja auch nur ein «allgemeines Priesterum» aller Gläubigen und keinen Unterschied zwischen «Geistlichen» und «Laien»). Ein alttestamentlicher Priester durfte also nur eine Jungfrau aus dem Volke Israel (keine Hure, keine Geschiedene, keine Entjungferte) zur Frau nehmen; der Hohepriester nicht einmal eine Witwe (3. Mose 21). Dadurch wollte Gott zeichenhaft seinen ursprünglichen Gedanken zur Ehegemeinschaft zum Ausdruck bringen, seine göttliche Norm darstellen!

In Prediger 2,8 steht: «Ich hielt mir Sänger und Sängerinnen und nahm mir so viele Frauen, wie ein Mann nur wünschen kann.»

Ich denke, daß der Prediger durch seine Gottestreue und die ungeheure Einsicht von Gott derart beschenkt wurde, damit er sich am irdischen Leben freuen konnte. Ich ließ mir sagen, daß in der Bibel noch an anderer Stelle von Männern die Rede ist, die mehr als eine Frau hatten. Vielleicht können Sie mir diese Bibelstellen nennen. Können Sie mir sonst auf irgendwelche Art helfen, Gottes Plan in bezug auf Mann und Frau besser zu verstehen; vielleicht ein Büchertip?

Salomo wurde als Nachfolger seines Vaters David König. Kurz nach seiner Thronbesteigung erschien ihm der lebendige Gott in einem Traum und sagte: «Bitte, was ich dir geben soll.» Und nun wünscht sich dieser junge König ein gehorsames Herz und Weisheit, damit er sein Volk richtig leiten und führen kann. «Das gefiel dem Herrn wohl, daß Salomo um solches bat. Und Gott sprach zu ihm: Weil du um solches bittest, und bittest nicht um Reichtum und bittest nicht um das Leben deiner Feinde, sondern bittest um Verstand zur Rechtspflege, siehe, so habe ich nach deinen Worten getan. Siehe, ich habe dir ein weises und verständiges Herz gegeben, daß deinesgleichen vor dir nicht gewesen ist und auch nach dir nicht aufkommen wird; dazu habe ich dir auch gegeben, was du nicht gebeten hast: Reichtum und Ehre, daß deinesgleichen nicht sein soll unter den Königen dein ganzes Leben lang. Und so du in meinen Wegen wandeln wirst, daß du meine Satzungen und Gebote beobachtest, wie dein Vater David gewandelt ist, so will ich dir ein langes Leben geben!»

Das Buch des Predigers ist zu einem großen Teil eine Selbstbiographie Salomos. Er schildert seine Erfahrungen und das Denken des Menschen aus der Sicht dieser Welt.

1. Versuch: menschliche Weisheit

Im 1. Kapitel des Predigers (Verse 16–18) gibt uns Salomo Einblick in sein Bestreben, aus seinem Leben einen wirklich bleibenden Gewinn zu ziehen. Menschliche Weisheit und Erkenntnis schienen ihm offenbar das höchste und edelste Gut, das ein Mensch auf dieser Erde erwerben kann. Dabei ging es dem König sicher nicht um die Anhäufung toten Wissens, sondern um Lebensweisheit. Je mehr ein Mensch davon erwirbt oder geschenkt bekommt – und König Salomo übertraf in dieser Hinsicht alle Menschen – desto klarer durchschaut er die Vergänglichkeit alles Irdischen. Salomo erkannte, daß ihm auch menschliche Weisheit keinen wirklichen Sinn und keinen bleibenden Wert geben konnte. Ja, Salomo stellt sich die konkrete Frage, ob es sich überhaupt lohne, ein solches Leben unter der Sonne gelebt zu haben. Sein Urteil ist unmißverständlich: «Ich erkannte – auch das ist ein Haschen nach Wind!» (Vers 17).

2. Versuch: Griff nach dem Glück und der Freude

Im 2. Kapitel des Predigers (daraus haben Sie ja Ihre Frage gestellt) schildert Salomo seinen zweiten Versuch, sein Leben lohnend und markant zu gestalten. Statt mit Weisheit, versucht er es jetzt mit Torheit (Vers 3). Deshalb macht er sich auch das Prinzip der Toren zu eigen: größtmöglicher Lustgewinn in der kurzen Zeit des Lebens! Er will selbst ausprobieren, was es mit dem vielgerühmten «Glück» auf sich hat, ob ein Leben der Lust wirklich glücklich macht; ob es ein echter, bleibender Wert sei, um dessentwillen es sich lohne, ein Mensch zu sein. Lesen Sie jetzt bitte dieses 2. Kapitel im Buch des Predigers aufmerksam durch. Salomo schuf sich einen wirklich großartigen Lebensraum: Paläste, Weinberge, herrliche Parkanlagen, Knechte und Mägde, Rinder und Schafe, Silber und Gold, Sängerinnen und Sänger, und auch Frauen. Salomo gab sich aber nicht etwa dem hemmungslosen Genuß hin, der unersättlichen Gier, sondern behielt auch hier ein weises Maß. Fand nun König Salomo bei dieser Anhäufung von Augenlust und Pracht das, was er eigentlich suchte? Den Schlüssel zum Sinn seines Lebens, zur Zufriedenheit und Geborgenheit, hat er auch auf diesem Weg nicht gefunden. Er durchschaut die ganze Sinnlosigkeit seiner Bemühungen und kommt zu dem niederschmetternden Resultat: «Siehe, es war alles eitel und Haschen nach Wind» (Vers 11). Das Ergebnis deckt sich genau mit seinem ersten Versuch bei seinem Streben nach Weisheit und Erkenntnis.

Deutlicher kann uns Gott wohl nicht mehr zeigen, daß alle Versuche des Menschen, seinem Leben selbst einen Sinn zu geben, scheitern müssen.

Damit komme ich zu Ihren eigentlichen Fragen. Ihre Annahme, daß Salomo von Gott mit vielen Frauen beschenkt wurde, damit er sich am irdischen Leben erfreuen konnte, ist ein Trugschluß. In Salomo blieb dieser große Wunsch, diese Sehnsucht nach mehr, obschon er alles besaß, was sich der Mensch für ein glückliches Leben wünscht: Schönheit, Intelligenz, Reichtum, Macht, Liebe.

Es trifft zu, daß wir im AT einigen Männern begegnen, die mehrere Frauen hatten (z.B. Abraham, Jakob). In 1. Könige 11 berichtet uns die Bibel, daß die vielen Frauen Salomo zur Sünde verführten, so daß er auch fremden Göttern diente. Gott mußte ihn deshalb strafen.

Das NT läßt keinen Zweifel darüber, daß Gottes Wort die «Vielweiberei» ablehnt (vgl. Eph. 5,33, 1. Tim. 3,2, Titus 1,6, Matth. 22,24 usw.). Ein Mann, eine Frau!

Zu Ihrer Frage, auf welche Art und Weise Sie Gottes Plan in bezug auf Mann und Frau besser verstehen können, kann Ihnen das «Handbuch für Eheleute» (TELOS-Präsent 2154) von Walter Nitsche wichtige Denkanstöße vermitteln.

Beispiele aus der seelsorglichen Praxis

Hans

Hans war seit 14 Jahren verheiratet, dann entschied er sich für Jesus Christus und besuchte regelmäßig die Bibelstunden einer evangelisch-landeskirchlichen Gemeinschaft. Seinem Seelsorger erzählte er, daß seine Ehe seit Jahren ein Chaos, er aber nun gewillt sei, einen Neuanfang zu machen.

Im Laufe seiner Ehejahre hatte Hans eine tiefe Abneigung seiner Frau gegenüber entwickelt, was auch bei ehelichen Gesprächen aus seinem stets aggressiven Unterton ersichtlich war.

Hans versuchte nun, seine Frau «zu bekehren»; was natürlich nur neuen Streit und Aggressionen hervorrief. Obwohl ihn einige Gemeindeglieder diesbezüglich zurechtwiesen, fuhr Hans damit fort, seiner Frau «Höllenpredigten» zu halten und gab ihr mit Nachdruck zu verstehen, daß sie ein Werkzeug Satans sei. Daß diese arme Frau in ihrem Mann keinen Spiegel der Güte Gottes, «die zur Umkehr leitet» (Röm. 2,4), sah, kann sich wohl jedermann vorstellen.

Sie reichte schließlich die Scheidung ein. Hans bekannte sich natürlich an der mißratenen Ehe ebenfalls schuldig, doch berief er sich nach der Scheidung auf 1. Kor. 7,15: «Will sich aber der ungläubige Teil scheiden, so scheide er!» Seine Frau habe sich ja schließlich scheiden lassen wollen, deshalb sei er doch nicht mehr gebunden. Er sah sich unter den christlichen Mädchen um und fand auch bald eines, das zur Heirat bereit war.

Die leitenden Christen der Gemeinde drohten ihm (nach zahlreichen seelsorglichen Gesprächen) Gemeindezucht an und weigerten sich *richtigerweise*, sein Vorhaben zu unterstützen; denn:

- Hans hatte mit seinem Verhalten selbst die Scheidung forciert, d.h. seine Frau indirekt dazu gedrängt, vermutlich bereits mit Gedanken des Ehebruchs im Herzen (seine «Kontakte» nach der Scheidung waren bereits gut vorbereitet).
- Auch nach der Scheidung hätte Hans die Möglichkeit gehabt,
  a) seine Gesinnung zu ändern und
  b) in echter Liebe zu versuchen, seine Frau zurückzugewinnen.

Beides paßte Hans nicht in seinen Plan. Seine Heirat (die er nach dem Standesamt auch in einer *anderen* kirchlichen Gemeinschaft feierte), war damit die Frucht seines unbußfertigen Herzens, war unbiblisch. Und die Christen, die diesen Weg unterstützten, förderten damit seinen Ungehorsam!

Auch wenn seine Frau in der Zwischenzeit die Ehe gebrochen (und damit nach Matth. 19,9 den geistlichen Tod der Ehe herbeigeführt) hätte, hätten sich die verantwortlichen Christen dem Vorhaben von Hans widersetzen müssen, denn eine Heirat - egal unter welchen Vorbedingungen - muß immer «im Herrn geschehen» (1. Kor. 7,39), was aber nicht möglich ist, wenn eine *offensichtlich* falsche Gesinnung vorliegt.

Gerade in diesem Fall wird deutlich, daß die Gesinnungsfrage - trotz aller theologischen Rechtfertigungsgründe, die man heranziehen möchte - zur Beurteilung eines Vorhabens stets entscheidend ist.

Heidi

Heidi arbeitete als Floristin und ging nach fünf Ehejahren ein Verhältnis mit einem Arbeitskollegen ein. Als ihr Mann dies erfuhr, nahm er «Rache», indem er selbst Ehebruch beging. Nach zwei weiteren Jahren wurde die Ehe geschieden. Heidi zog nun ganz zu Hermann, ihrem Arbeitskollegen, und ihr Mann lebte mit einer seiner vielen Sexualpartnerinnen in «wilder Ehe».

Dann kam Heidi zum lebendigen Glauben an Jesus Christus. In anteilnehmender Liebe erklärte sie auch Hermann die frohmachende Botschaft des Evangeliums und ihre neue Gesinnung; bat dabei aber um Verständnis, daß sie das sexuelle Verhältnis nicht weiterhin fortsetzen könne und wolle. Hermann war interessiert, versuchte jedoch, Heidi weiterhin zum Geschlechtsverkehr zu bewegen.

Um sich selbst nicht in Versuchung zu begeben und um Hermann in seiner Motivation nicht im Wege zu stehen, brach Heidi den Kontakt zu Hermann völlig ab. Da sie mit ihm aber die Ehe vollzogen hatte, war ihr klar, daß sie nun zu warten und zu beten hatte und sich keiner anderen intimen Bekanntschaft öffnen durfte. Obwohl sich Heidi also ihrer Erneuerung und Vergebung in Jesus Christus bewußt war, wollte sie doch nach 1. Kor. 7,11 handeln und abwarten, was sich mit Hermann ergäbe. Dieser kam (weil er tatsächlich am Evangelium interessiert und nicht durch eine intime Bindung zu Heidi in seinen Beweggründen gehindert war), bereits ein halbes Jahr später ebenfalls zum lebendigen Glauben an Jesus Christus, und zwar durch Freunde von Heidi.

Weitere sechs Monate später heirateten Hermann

und Heidi, und ihre christliche Gemeinde konnte sich von ganzem Herzen mit den beiden freuen!

Ewald

Ewald war Prediger in einer freikirchlichen Gemeinde und sehr aktiv, was missionarische Einsätze (nicht aber was echtes, entschiedenes Lieben im Rahmen seiner Ehe) betraf. In einem seelsorglichen Gespräch mit Ewald gestand ein Gemeindeglied, ein gläubiger Architekt, daß er vor fünf Monaten mit Ewalds Frau Irene in Ehebruch gefallen sei, daß es ihm und Irene aber sehr leid täte und sie auch entsprechende Konsequenzen bezüglich weiterer «versuchlicher Gelegenheiten» gezogen hätten. Ewalds Frau stand bereits vor der Tür des Sprechzimmers und erzählte ihrem Mann dasselbe mit der herzlichen Bitte um Vergebung. Ewald blieb - wie es sich «geziemte» - ruhig und gelassen und sagte zu den beiden «reuigen Sündern» richtigerweise, daß die Vergebung Gottes auch für diese Sünde gelte und auch er selbst diese Sache vergeben würde. «Aber», so fügte Ewald hinzu, «ich werde mich nach Matth. 19,9 von dir scheiden lassen, Irene, denn du hast das Eheverhältnis gebrochen und mußt die Konsequenzen dafür selbst tragen.»

Was sollte Irene dagegen einwenden? Alle Tränen, alles Bitten und Flehen half nichts - sie müsse, so erklärte ihr Ewald, einsehen und akzeptieren, daß er bei Ehebruch das Recht zur Scheidung habe und damit selbstverständlich auch ein Recht auf Wiederheirat. Sein Vorhaben setzte Ewald dann auch in die Tat um, ließ sich von Irene scheiden und schritt sehr schnell mit einem gläubigen Mädchen aus seiner Gemeinde, das ihn sowieso schon seit jeher bewundert hatte, zum Standesamt.

Ein Glaubensbruder einer benachbarten Gemeinde hatte es *richtigerweise* abgelehnt, mit Ewald und seiner neuen Frau einen Hochzeitsgottesdienst zu feiern. Der Scheidungsgrund von Ewald und Irene war nämlich - geistlich gesehen - nicht Irenes Ehebruch, sondern Ewalds Reaktion darauf. Er reagierte nämlich mit Unversöhnlichkeit, war zur echten Vergebung (die auch «Unantastbarkeit» mit einschließt) nicht bereit und stützte sich auf Matth. 19,9 wohl deshalb, damit er seine Frau endlich loswerden und eine andere heiraten konnte. Ein anderer Prediger fand sich dann ein, um Ewald und seine neue Frau Susanne «kirchlich zu trauen».

Irene, von großen Schuldgefühlen geplagt, mußte sich mit dieser Situation abfinden. Der Kontakt zum gläubigen Architekten blieb unterbrochen. Eine befreundete Christin half Irene, sich nun voll und ganz auf die Vergebung Gottes zu stützen. Sie wurde innerlich wieder froh und setzte ihre Hoffnung «ganz auf die Gnade, die uns dargeboten wird in der Offenbarung Jesu Christi» (1. Petr. 1,13).

Der gläubige Architekt nahm in sauberer Zurückhaltung wieder mit Irene Kontakt auf. Doch Irene meinte, sie könne nur wieder heiraten, wenn entweder Ewald oder Susanne sterben würden und Ewald wieder zurückgewonnen werden könnte. Ein Glaubensbruder machte Irene dann darauf aufmerksam, daß Ewald (nach dessen *bleibendem* Ehebruch, was ja seine Heirat mit Suanne in Wirklichkeit darstellte) Irene nach *alttestamentlichem* Hinweis gar nicht mehr als Ehefrau nehmen könne (5. Mose 24,4).

Vier Jahre nach ihrer Scheidung heiratete Irene – in der Gewißheit der Vergebung ihrer Schuld und aufgrund der Tatsache, daß Ewald durch seine zweite Heirat eine Ehe mit Irene verunmöglicht hatte – den gläubigen Architekten. In einer biblisch fundierten Gemeinde konnten die beiden auch im Kreise ihrer christlichen Mitgeschwister ihre Hochzeit vor Gottes Angesicht feiern.

Es ist vielleicht noch erwähnenswert, daß – etwa zur gleichen Zeit – Susanne ihrem Ewald davonlief und in Trennung leben wollte, weil sie seine Lieblosigkeit nicht mehr aushielt...

Anhang A

Erklärung zu Matthäus 19:

Der Abschnitt von 5. Mose 24,1–4 ist darum so wichtig, weil er von den Pharisäern vorgeschoben wird, um ihre laxen Ehescheidungspraktiken zu rechtfertigen (Matthäus 19,3–9). Dem Herrn wird sie Anlaß, nicht allein die Bosheit der Pharisäer bloßzustellen, sondern auch dessen eigentliche Bedeutung darzulegen. Die Pharisäer wollten bestätigt wissen, daß man eine Frau «um jeder Ursache willen» entlassen dürfe, und berufen sich auf Mose. Da antwortet der Herr, daß ja eben dieser Mose schon gesagt habe, man dürfe eine Frau einzig im Falle von Hurerei entlassen.

In Matth. 19,9 und Matth. 5,32 führt Jesus «Ehebruch» («Unzucht» – «porneia») als Scheidungsgrund an. Interessant ist in diesem Zusammenhang, daß er in Matth. 5 ausdrückt, daß ein Mann, der seine Frau unrechtmäßig entläßt, macht, daß *sie (die Frau)* die Ehe bricht. Warum? Weil eine Frau damals unweigerlich wieder heiraten mußte, um recht versorgt zu sein. Da das Entlassen der Frau aufgrunddessen deren Wiederheirat einschloß, machte der Mann, der seine Frau unrechtmäßig (nicht wegen Ehebruch) entließ, auch automatisch, daß sie die Ehe brach.

Semantisches

In Matthäus 19 erklärte der Herr, wie jener von

Mose verwendete, die verschiedensten Deutungen verursachende Ausdruck «etwas Schändliches», aufgrund dessen der Ehemann seine Frau entlassen konnte, zu verstehen sei. Dieses «Schändliche», hebräisch *ärwat dabar*, was wörtlich «Blöße/Scham einer Angelegenheit» = «schamwürdige Angelegenheit» bedeutete, war nichts anderes als das griechische *porneia*.

Wie weit das Bedeutungsfeld dieses Ausdrucks ist, haben wir bereits gesehen. Wie weit oder wie eng aber müssen wir es in diesem Fall fassen? Manche wollen Ehebruch ausscheiden. In einem Artikel hieß es:

«*Außerdem wäre ein anderes Wort zu erwarten gewesen, wenn es ... um das Fremdgehen der Frau gegangen wäre: Es stünde dann das Wort Ehebruch, jedoch nicht ein solch schwieriges und unklares Wort wie das ‹Schamwürdige›.*»[1]

Dieses sprachliche Argument genügt nicht, um Ehebruch auszuscheiden, wie wir weiter oben gesehen haben. Nun aber bieten uns nicht nur die Worte des Herrn, sondern auch Anwendungen dieser Schriftstelle durch die Propheten entscheidende Einsicht. Jeremia greift in seiner Botschaft an das untreue Israel und Juda 5. Mose 24,1–4 auf und vergleicht das abgefallene Volk Gottes mit einer untreuen Ehefrau:

«Wenn ein Mann seine Frau entläßt, und sie von ihm weggeht und eines anderen Mannes wird, darf er wieder zu ihr zurückkehren? Würde nicht selbiges Land entweiht werden? Du aber hast mit vielen Buhlen gehurt, und doch solltest du zu mir zurückkehren?» (Jeremia 3,1). Wir beachten, wie Jeremia lauter Ausdrücke aus unserer Mosestelle gebraucht. In Vers

8 verwendet der Prophet sogar das Wort *sefär keritut*, Scheidebrief: «Trotz alledem, daß ich die abtrünnige Israel, *weil sie die Ehe gebrochen*, entlassen und ihr einen *Scheidebrief* gegeben hatte, fürchtete sich die treulose Juda, ihre Schwester nicht, sondern ging hin und hurte selbst auch.»

Hier wird nun deutlich, daß jedenfalls der Prophet Jeremia die Sache mit dem Scheidebrief so verstand, daß ein bestehendes Verhältnis verletzt worden ist, weshalb der untreue Partner entlassen wird. In der Ehe nennt man das Ehebruch und Scheidung (V. 8). (Es zeigt auch, daß auf Ehebruch nicht immer die Todesstrafe folgte, obwohl man vom mosaischen Gesetz her diesen Eindruck bekommen könnte.)

Dann dürfte mit der «schamwürdigen Sache» von 5. Mose 24,1 *eheliche Untreue* gemeint sein.

Auch Hosea verstand Mose in dieser Weise. Er spricht zwar nicht von einer formalen Entlassung mit einem Scheidebrief, wohl aber von Hurerei und Ehebruch des untreuen Israel (1,2; 2,2–4), das sich dann aufmacht und sagt: «Ich will zu meinem ersten Mann zurückkehren» (2,7). Es ist also genau die von Mose geschilderte Situation von einer Frau, die zu ihrem ersten Mann zurück will. Und wie in Jeremia geht es nicht um Sünden *vor* Eingehen der Verbindung mit dem Partner, sondern um Untreue *gegen die bestehende Verbindung*. Ursache der Entfremdung war nicht Unzucht vor der Ehe, sondern Ehebruch.

5. Mose 24 und Matthäus 5,32

Es scheint mir sogar denkbar, daß der Herr mit seiner Einschränkung der generell verbotenen Scheidung «ausser wegen Hurerei» sich nicht nur der Sache nach – daß er das tat, darüber braucht nicht diskutiert zu werden – sondern auch *in der Wortwahl* an 5. Mose 24,1 anlehnte. Im Griechischen lautet der Ausdruck «wegen Hurerei» *logos porneias*, wörtlich «Sache der Hurerei». Dabei wäre *logos* eine reguläre Übersetzung von «Angelegenheit», hebräisch *dabar*, und *porneia* entspräche recht genau dem «Schändlichen», hebräisch *ärwah*. So ergibt sich die Gleichung: «Schändliches einer Angelegenheit» = «Sache der Hurerei».

Gewiß ist das griechische Genitivverhältnis gegenüber der hebräischen Constructusverbindung umgekehrt, aber gleichwohl: die griechische Genitivverbindung entspricht hier wie so oft im NT einem Nomen mit Attribut, wie auch die hebräische Constructusverbindung (siehe oben). Damit erhalten wir die zwei sich semantisch entsprechenden Ausdrücke «schändliche Sache» für Mose und «hurerische Sache» für Matthäus.

Mithin bedient sich der Herr eines Ausdrucks, den Mose gebraucht und den die Propheten, wie wir feststellen konnten, eindeutig interpretiert haben. Eine sachliche und sprachliche Harmonie durchzieht auch diesen Gegenstand biblischer Lehre.

Syntaktisches

Eine sinngemäße Übersetzung unseres Abschnittes würde etwa wie folgt aussehen:

«Fürwahr: Ein Mann nimmt eine Frau, und er wird ihr Herr, und dann geschieht (folgendes): – ist es so, daß sie keine Gnade vor ihm findet? wahrlich: er hat an ihr etwas Schändliches gefunden! – er schreibt ihr einen Scheidebrief, und er gibt ihn in ihre Hand, und er entläßt sie aus seinem Haus, und sie zieht aus aus seinem Haus, und sie geht, und sie wird eines anderen Mannes, und der andere Mann haßt sie, und er schreibt ihr einen Scheidebrief, und er gibt (ihn) in ihre Hand, und er entläßt sie aus seinem Haus – oder wahrlich: der andere Mann stirbt, der sie für sich zur Frau genommen hat. Nicht kann ihr erster Herr, der sie entlassen hat, umkehren sie zu nehmen, damit sie ihm zur Frau sei, nachdem dies (geschehen ist): sie ist verunreinigt worden; wahrlich: ein Greuel ist dies vor dem HERRN; du aber sollst nicht sündigen machen das Land, welches der HERR dein Gott dir als Erbe gibt.»

Die bewußt hebraisierende Übersetzung soll verdeutlichen, wie das Entscheidende der Aussage nicht die Ursache der Entlassung ist, sondern die auf die Entlassung folgenden Ereignisse: Wiederheirat und nicht mehr mögliche Rückkehr zum ersten Mann. Das zeigt einmal, daß es gar nicht im Interesse des Autors (Moses) lag, etwas über die Umstände der aufgedeckten Sünde zu sagen. Das wird syntaktisch in der Weise realisiert, daß nach dem einleitenden Satz, der die Ausgangslage der nachfolgend geschilderten Situation bezeichnet, lauter sogenannte «Waw-Perfekta» stehen, die in (typisch hebräischer) Parataxe (Beiordnung) aneinandergereiht werden. Diese tragen den Hauptgedanken des ersten Teils des ganzen Conditionalgefüges (der sogenannten Protase). Die Aussage über das Finden des Schamwürdigen ist ein eingeschobener Nebengedanke.

Der einleitende Satz nun steht im sog. Imperfekt, das im Hebräischen weniger eine Zeitstufe als eher eine Aktionsart (einen sog. «Aspekt») bezeichnet. Der Satz sagt also nicht mehr zum Zeitpunkt des damit ausgedrückten Geschehens, als daß er vor all dem nachfolgenden liegt. Es soll ganz einfach der Fall gesetzt werden: Ein Mann nimmt eine Frau. Und dann begibt es sich: er schreibt einen Scheidebrief, gibt ihn seiner Frau, und seine Frau geht weg ... usw. Das ist die Situation, die dann kommentiert wird: «Nicht kann ihr erster Herr umkehren, sie zu nehmen...» *Hierauf*, auf dem zweiten Teil des gesamten Bedingungsgefüges, (der sogenannten Apodose), liegt das Hauptgewicht.

Darum ist gerade der Anlaß für die Entlassung syntaktisch aus der durch die Anreihung von Waw-Perfekten dargestellten Geschehensfolge herausgenommen durch die einleitende Konditionalpartikel *'im* (das ich oben seiner ursprünglichen Bedeutung und syntaktischen Funktion entsprechend als Fragewort aufgefaßt wiedergegeben habe) mit nachfolgendem Imperfekt *timtsa*, «sie findet», das ganz buchstäblich aus der Reihe der übrigen Perfekte tanzt. Er ist mithin lediglich ein Einschub, der einen Nebengedanken festhält. Zudem wird mit dem Imperfekt wiederum - wie im einleitenden Satz - der generelle, zeitlich nicht festgelegte Fall bezeichnet: Immer dann, wenn eine Frau keine Gnade findet, schreibt der Mann einen Scheidebrief. Es wird dann in einem zweiten eingeschobenen Satz erklärt, warum die Frau keine Gnade findet: *ki matsa bah..* «Wahrlich: er hat an ihr Schändliches gefunden.»

Somit ist ausgeschlossen, daß hier der Fall geschildert sein sollte: Eben hat ein Mann eine Frau geehelicht, da stellt er fest, daß sie gar keine Jungfrau ist... Das müßte syntaktisch - vom Semantischen sehen wir zunächst ab - anders gelöst werden, nämlich etwa: *ki jiqqach 'isch ischschah, ube'alah, umatsa* bah…, «Ein Mann nimmt eine Frau, und er ehelicht sie, da findet er an ihr...»

Aus diesem Grund kann man mit der Feststellung im bereits erwähnten Artikel[1] durchaus nicht einverstanden sein:

«Es heißt in V. 1 nicht: ‹Wenn ein Mann mit einer Frau verheiratet ist...›, sondern: ‹Wenn ein Mann eine Frau nimmt...› ... dieser Sachverhalt widerlegt nebenbei die vorher genannten Auslegungen (Grund der Entlassung sei Sünde nach geschlossener Ehe, B.P.). Es geht also um die Zeit der Eheschließung, wobei die ‹schandbare Sache› also kurz nach der Eheschließung festgestellt wird. Es kann sich also nur darum handeln, daß die Frau zum Zeitpunkt ihrer Heirat keine Jungfrau mehr ist, und daß ihr Mann dies erst nach der Eheschließung feststellt.»

Sprachlich ist das nicht vertretbar. Wie ich darzulegen versuchte, läßt sich einmal aus der Syntax nicht herauslesen, wie weit die beiden genannten Dinge – Heirat und Sünde – zeitlich auseinanderliegen, noch auch wie sie zeitlich zueinander stehen, will sagen, was zuerst war: Der Eheschluß oder die Sünde.

Sodann beweist die Formulierung «Wenn ein Mann eine Frau nimmt» keineswegs, was im erwähnten Artikel bewiesen sein will. Sicher bezeichnet diese Wendung den Zeitpunkt der Eheschließung. Das macht auch die deutsche Übersetzung des Ausdrucks deutlich. Aber damit ist überhaupt nichts dazu gesagt, ob die Sünde vor oder nach der Eheschließung begangen wurde, noch auch wann sie ans Licht kam. Nichts spricht dagegen, daß es Jahre gewesen sein können. Wie wir gesehen haben, interessiert das den Schreiber offensichtlich nicht. Es ist also ganz einfach sprachlich nicht vertretbar, wie in obigem Zitat zu argumentieren.

Es wird auch auf 5. Mose 22,13 als Beleg für die Sicht von 5. Mose 24 hingewiesen:

«In 5. Mose 22,13ff wird der Fall beschrieben, daß ein Mann seine frischvermählte Frau anklagt, sie sei keine Jungfrau mehr gewesen.»[1].

Das ist richtig. Hier wird tatsächlich dieser Fall beschrieben, und er bestätigt sehr schön, was ich oben zur Syntax von 5. Mose 24 sagte. In Kapitel 22 nun liegt genau der Satzbau vor, den ich in Kapitel 24 erwartet hätte, sollte dort vom Aufdecken vorehelicher Sünde die Rede sein:

ki jiqqach 'isch ischschah, «Wahrlich: ein Mann nimmt eine Frau.» Der Satz ist wörtlich gleich wie in 24,1. Er entspricht ganz einfach einer gängigen eröffnenden Formel kasuistischer Rechtssprüche. Und dann folgen – wie gewünscht, bin ich fast versucht zu sagten – lauter Waw-Perfekta: *ubah 'eläha usene'ah wesam lah...* «Und er geht zu ihr ein, und er haßt sie» usw. Es folgen weitere solche Waw-Perfekte bis zum Vers 14 am Schluß. Damit ist das Entdecken der vorehelichen Schuld logisch in die Ereigniskette eingefügt: auf Heirat folgt die unliebsame Entdeckung. Eben das war es, was wir in Kapitel 24 vermißten.

Beachten wir noch einen semantischen Unterschied. Wenn wir bedenken, daß der gleiche Mose, der diese letztzitierten Sätze verfaßte, nur kurz danach die Sätze von Kapitel 24 schrieb, dann dürfen wir erwarten, daß er in der Wortwahl ganz bewußt variierte. In Kapitel 22, wo es genau darum geht, daß voreheliche Untreue aufgedeckt wird, steht *uba 'eläha*, «und er geht zu ihr ein», was eine gängige Ausdrucksweise für die Consummatio der Ehe ist (siehe

1. Mose 29,21+23; 5. Mose 21,13). Damit wird auch auf den Zeitpunkt des Geschehens - auf die Hochzeitsnacht - Gewicht gelegt. In Kapitel 24 hingegen steht statt genannter Wendung: *ube'ala*, wörtlich «und er wird ihr Herr» (ba'al). Damit ist der Akzent auf ganz etwas anderes gelegt: nicht auf den Vollzug der Ehe in der Hochzeitsnacht, sondern auf die eheliche Rolle des Mannes als Haupt der Frau, was dem Wesen nach im Gegensatz zum Vollzug der Ehe eine Sache der Dauer ist. So bestätigt die Semantik, was wir anhand der Syntax schon sehen konnten, daß in Kapitel 24 nicht Zeitpunkt und Umstände der Sünde und ihrer Aufdeckung Gegenstand des Interesses sind. Vielmehr liegt die Sünde in einer Verletzung des *Verhältnisses zwischen Gatte und Gattin*. In der Eheschließung wurde der Mann *ba'al*, Herr, der Frau (vgl. 1. Mose 18,12 und 1. Petrus 3,6; Jesaja 54,5); dann aber benimmt sich die Frau in einer Weise, die dieses Verhältnis leugnet. Die Folge ist, daß der betrogene Mann sie entläßt.

Dies war also der alttestamentliche Scheidungsgrund. Ehebruch war kein Scheidungsgrund an sich, sondern wurde ja, wie wir bereits vorhin sahen, normalerweise mit Steinigung geahndet.

Worterklärungen:

porneia und moicheia
Einiges hängt an der Interpretation dieser beiden Ausdrücke. *porneia* wird im NT mit «Hurerei» oder mit «Unzucht» übersetzt, *moicheia* mit «Ehebruch». Das ist auch richtig so. Ist es aber richtig, daraus zu schließen, ersteres könne deshalb nur se-

xuelle Sünden *vorehelicher* Art bezeichnen, sodaß für Matthäus 5,31 und 19,3 Ehebruch als Scheidungsgrund ausscheiden müsse? Das ist für die Klärung unseres Problems sehr wichtig. Verschiedene Autoren nehmen das vom Herrn in den genannten Stellen gebrauchte Wort *porneia* als Anlaß oder als Bestätigung für die Auffassung, es könne nur irgendeine *vorehelich* begangene sexuelle Sünde genügend Grund für Ehescheidung sein.

Ich führe dazu zwei Beispiele an. In einem Artikel zur Frage: «Was bedeutet ‹außer wegen Unzucht› ?»[2] heißt es:

«... Eine außereheliche Beziehung? Daß mit dem Wort ‹Unzucht› das Fremdgehen in der Ehe gemeint ist, ist wenig wahrscheinlich: Einerseits wäre dann ein anderes Wort zu erwarten gewesen, nämlich das Wort, das speziell ‹Ehebruch› bezeichnet...».

Der Autor räumt eingangs zwar ein: *«das Wort ‹Unzucht› kann ein breites Spektrum von Sünden sexueller Art umfassen»*, wählt aber aus angegebenen Gründen die Interpretation *«Unzucht vor der Ehe. Diese ist von allen Auslegungen die wahrscheinlichste.»*

Anders engt ein anderer Autor in einem kürzlich erschienenen Aufsatz ein:

«Doch wie verhält es sich nun mit den sogenannten ‹Ehebruchs- bzw. Unzuchtsklauseln› in Mt. 5,32 und Mt. 19,9, wo Jesus selbst eine Ausnahme zuzugestehen scheint? Die Antwort auf diese Frage hängt vom richtigen Verständnis des griech. Wortes ‹porneia› ab.

Zunächst zur Auffassung, mit porneia sei Ehebruch der Frau, also Geschlechtsverkehr mit einem anderen Mann gemeint. Gegen diese Auffassung sprechen folgende Gründe:

a) Für ‹Ehebruch› gibt es in der griech. Sprache ein eigenes Wort ‹moicheia›. Dieses wird z.B. in Mt. 15,19 verwendet ... (die weiteren Argumente sind nicht sprachlicher, sondern sachlicher Art, auf die ich hier nicht einzugehen beabsichtige, B.P.) ... *Nachdem also ‹Ehebruch› als Übersetzung ausscheidet, bleibt noch die Möglichkeit übrig, daß Jesus in diesen beiden Stellen von ‹Unzucht› redet. Aber in welchem Sinn? Unzucht im Sinn des außerehelichen Geschlechtsverkehrs wäre ja Ehebruch und gewiß als solcher auch bezeichnet. Gibt es aber noch eine andere Form von Unzucht, eine Form, die so entscheidend ist, daß Jesus in solchem Fall sein absolutes Scheidungsverbot einschränkt? Ja, es gibt eine Form von Unzucht, die eine Auflösung der Ehe fordert. Im sog. Aposteldekret (Apg. 15,28f) werden den damaligen heidenchristlichen Gemeinden vier Verbote auferlegt. Sie sollen sich enthalten der Befleckung durch Götzen und Götzenopferfleisch, von Blut, von Ersticktem und von Unzucht. Diese Forderungen sind aus dem mosaischen Gesetz übernommen (3. Mose 17 u. 18). Dort, in 3. Mose 18,6–18, wird deutlich, was mit Unzucht gemeint ist: Ehen in verbotenen Verwandtschaftsgraden, also blutschänderische Ehen.*»[3]

Obwohl die genannten Autoren «Unzucht» je verschieden interpretieren, ist ihnen gemeinsam, daß sie «Ehebruch» ausscheiden, weil nicht der präzisere, den Sachverhalt einengende Begriff *moicheia*, sondern *porneia* steht. Ich halte es nun für nicht gegeben, daß der Herr, wäre es ihm um Ehebruch gegangen, notwendigerweise *moicheia* hätte brauchen müssen. Mir scheint vielmehr, daß der Herr den *allgemeineren* der beiden möglichen Begriffe wählte, um jegliche Art von Unzucht, geschehe sie nun vor oder während der Ehe, zu bezeichnen. Daß nun *porneia* vielfach geradezu synonym für *moicheia* steht, wird sowohl alttestamentlich wie auch neutestamentlich deutlich.

Hurerei und Ehebruch im AT

Das hebräische Verb für «die Ehe brechen» lautet *na'af*. Es steht im siebten Gebot. «Du sollst nicht ehebrechen» (2. Mose 20,14). Gemeint ist hier eheliche Untreue.

Für «Unzucht treiben» verwendet das Hebräische das Verb *zanah*. Es steht zum Beispiel in 3. Mose 21,9: «Wenn sich die Tochter eines Priesters durch *Hurerei* entweiht...» Gemeint ist hier Unzucht durch eine unverheiratete Frau; sie ist die Tochter des Priesters und noch beim Vater wohnhaft.

Nun hat aber *zanah* einen weiteren Bedeutungsumfang als lediglich Unzucht vor der Ehe. Es bezeichnet ganz einfach jegliche Art sexuellen Vergehens, geschehe sie nun vor oder während der Ehe. Das wird anhand folgender Belege deutlich:

1. In Richter 19,2 wird von der Nebenfrau eines Leviten gesagt, sie habe «neben ihm *gehurt*».

2. In Jeremia 3,1+8 wird *zanah* und *na'af* völlig parallel verwendet:

«Wenn ein Mann *seine Frau* entläßt, und sie von ihm weggeht und eines anderen Mannes wird, darf er wieder zu ihr zurückkehren? Würde nicht selbiges Land entweiht werden? Du aber hast mit vielen Buhlen *gehurt* und du solltest zu mir zurückkehren! spricht der Herr.» Die vom Mann geschiedene Ehefrau steht parallel zum von ihrem «Ehemann» abtrünnigen Israel, von der es aber nicht heißt, sie habe *die Ehe gebrochen (na'af)*, sondern *gehurt (zanah)*.

«Ich sah, daß trotz alledem, daß ich die abtrünnige Israel, weil sie *die Ehe gebrochen*, entlassen und ihr einen Scheidebrief gegeben hatte, doch die treulose Juda ihre Schwester, sich nicht fürchtete, sondern hinging und selbst auch *hurte*.» Hier ist es noch deutlicher, da beide Verben verwendet werden und es sogar heißt, daß Juda *auch* Unzucht trieb; auch, nämlich wie Israel, obwohl von Israel gesagt wird, daß es die Ehe gebrochen habe. Das zeigt überdeutlich, daß man im AT die beiden Verben synonym gebrauchen konnte. Das sehen wir auch in Jeremia 13,27: «Dein Ehebrechen und dein Wiehern, die Schandtat deiner Hurerei auf den Hügeln im Felde...»

Auch Hosea verwendet die beiden Ausdrücke ganz parallel: «Rechtet mit eurer Mutter, rechtet - denn sie ist nicht mein Weib, und ich bin nicht ihr Mann - damit sie ihre Hurerei von ihrem Angesicht wegtue und ihren Ehebruch von ihren Brüsten hinweg» (2,2). Und in 3,1 lesen wir von der Frau, die «Ehebruch treibt», während der Vers 3 sagt, eine Zeit werde kommen, da die genannte Frau «nicht huren» werde. In 4,13 haben wir wieder einen Parallelismus: «Darum huren eure Töchter und treiben eure Schwiegertöchter Ehebruch.»

3. Beide Verben, *zanah* und *na'af,* werden als Metaphern für Götzendienst gebraucht:

«Und es geschah, wegen des Lärmes ihrer *Hurerei* entweihte sie das Land; und sie *trieb Ehebruch* mit Stein und Holz» (Jeremia 3,9). Das ist selbstverständlich nur möglich, weil sie als weitgehend synonym empfunden werden. Bedenken wir auch, daß Götzendienst nichts anderes als *Untreue* gegenüber einer festgefügten Verbindung ist (siehe 5. Mose 31,16; Hosea 1,2; 4,12; 9,1), dann erkennen wir unschwer, daß Hurerei eben auch Untreue der Ehegatten bezeichnen kann.

4. In der Sprache der Propheten können Ehefrauen Huren genannt werden:

«Darum spricht der Herr also: Deine Frau wird zur Hure werden in der Stadt...» (Amos 7,17), und in Jesaja 1,21 klagt der Prophet: «Wie ist zur Hure geworden die (einst) treue Stadt.»

Hurerei und Ehebruch im NT

Bei semantischer Analyse von *porneia* und *moicheia* zeigt sich, daß die beiden Begriffe nicht deckungsgleich sind, daß sie sich aber überschneiden. (Das gleiche gilt für die entsprechenden hebräischen Begriffe.) *Porneia* kann auch Ehebruch sein, muß es aber nicht; *moicheia* hingegen ist immer auch *porneia*, sexuelles Vergehen. Ersterer ist also ganz einfach der umfassendere, nicht etwa zum zweiten komplementäre Begriff, als ob er nur für voreheliche Sünden stünde, sowie letzterer nur für eheliche Untreue. Das ergibt sich aus folgenden Beobachtungen:

1. In fünf von sieben sogenannten Lasterkatalogen stellt Paulus *porneia* an die Spitze der Liste, und nennt außer in einem Fall (1. Korinther 6,9) Ehebruch nicht mehr. Wenn wir also beispielsweise lesen: «Tötet eure Glieder, die auf der Erde sind: Hurerei, Unreinigkeit, Leidenschaft, böse Lust und Habsucht, welche Götzendienst sind...», dann ist es nicht

sehr sinnvoll, Hurerei so zu verstehen, daß Ehebruch ausgeschlossen und nur voreheliche Sünden gemeint seien (siehe auch 1. Korinther 5,11; Galater 5,19; Epheser 5,3 und 1. Timotheus 1,10).

2. Im Sendschreiben an Thyatira wird «Hurerei» und «Ehebruch» parallel verwendet:

«Ich habe wider dich, daß du das Weib Jesabel duldest, welche sich eine Prophetin nennt, und sie lehrt und verführt meine Knechte, *Hurerei* zu treiben und Götzenopfer zu essen... Siehe, ich werfe sie in ein Bett, und die, welche *Ehebruch* mit ihr treiben in große Drangsal...» (Offenbarung 2,20–22). Ähnlich wird die Sache nicht sehr sinnvoll, wenn wir in Offenbarung 17,2–5 für *porneia* nur voreheliche sexuelle Sünde annehmen. Warum sollte die Große Hure nur mit solchen verkehren, die noch nicht ehelich gebunden waren?

3. In Jakobus 4,4 spricht der Apostel wohl vom gleichen Übel, wie auch die Offenbarung. Er nennt die geistliche Hurerei, die Liebe zu anderen und anderem als zum Herrn, *Ehebruch.* Dabei lehnt er sich – wie auch Johannes – an die Sprache der alttestamentlichen Propheten an, die Untreue Gott gegenüber eben als Ehebruch oder als Hurerei bezeichnen konnten.

Laßt uns noch etwas zum Bedeutungsunterschied zwischen den beiden Ausdrücken beachten. Wenn ein Mann *pornos*, Hurer, und eine Frau *pornä*, Hure, genannt werden, dann kann damit auch eine noch schärfere Verurteilung als mit «Ehebrecher» oder «Ehebrecherin» gemeint sein. Eine *pornä* ist jemand, die nicht nur mit einem, sondern mit mehreren oder gar beliebigen Männern fremdgeht. Darum ist Babylon nicht bloß eine *moichalis*, eine Ehebrecherin, die mit lediglich einem fremden Mann verkehrt; nein, sie gibt sich allen und jedem preis: «Mit ihr haben *die Könige der Erde* Hurerei getrieben» (Offenbarung 17,2). So verwendet auch Hesekiel den Ausdruck *zona*, Hure:

«Aber du vertrautest auf deine Schönheit, und hurtest auf deinen Ruf hin und gossest deine Hurereien aus über *jeden Vorübergehenden*... und du schändetest deine Schönheit und spreiztest deine Beine gegen *jeden Vorübergehenden*» (16,17+25).

Wenn nun der Herr sagt, eine Frau dürfe nur aufgrund von *porneia* entlassen werden, dann ist zumindest sprachlich vertretbar, daß der Herr die Bedingung des Ehebruchs noch verschärft und sagt, erst wenn sich eine Frau als eine Hure, eine dem ganzen Wesen nach Treulose, die sich jedem beliebigen preisgeben würde, erwiesen hat, dürfe sie geschieden werden.

Zusammenfassend wollen wir festhalten, was *porneia* bedeuten kann:

1. Sexuelle Betätigung außerhalb der ehelichen Verbindung.

2. Sexuelle Sünden vorehelicher Art, wenn es von dem auf eheliche Sünden beschränkten «Ehebruch» ausdrücklich unterschieden wird oder vom Zusammenhang als solcher erkennbar ist.

3. Notorische, unverbesserliche sexuelle Promiskuität (was mehr ist als ein ehebrecherischer Fehltritt).

4. Sexueller Umgang mit Gleichgeschlechtlichen und mit Tieren.

5. Inzest.

Dieses weite Bedeutungsfeld von *porneia* widerspricht ganz deutlich der Einengung auf Blutschande. Auch das Argument, die Apostel hätten sich beim Aposteldekret an 3. Mose 17 und 18 angelehnt, hält nicht. Wenn der erwähnte Autor sagt: «*Dort, in 3. Mose 18,6–18, wird deutlich, was mit Unzucht gemeint ist: Ehen in verbotenen Verwandtschaftsgraden, also blutschänderische Ehen*»[3], dann vergißt er, daß das gleiche Kapitel Geschlechtsverkehr mit einer menstruierenden Frau, mit der Ehefrau eines anderen, Homosexualität und Umgang mit Tieren verbietet (Verse 19–23). Es geht natürlich nicht an, zu sagen, die Apostel hätten unter *porneia* das verstanden, was in 3. Mose 18 steht, und dann nur die Hälfte der dort gemachten das Sexualleben betreffenden Verbote zu berücksichtigen.

Beachten wir noch die Formulierung in Apostelgeschichte 15,19+20, dann ergibt sich sogar zwingend, daß wir 3. Mose 18 bis zum Ende einschließen müssen. Denn Jakobus sagt: «Deshalb urteile ich, daß man diejenigen, welche sich von den Nationen zu Gott bekehren, nicht beunruhige, sondern ihnen schreibe, daß sie sich enthalten von den *Verunreinigungen* der Götzen und von der Hurerei und vom Erstickten und vom Blute.» Die Kapitel in 3. Mose, die nun eben diese vier Dinge verbieten, schließen in 18,24 mit der Bemerkung: «*Verunreinigt* euch nicht durch alles dieses (= alles von 17,1–18,23 Gesagte); denn durch alles dieses haben die Nationen sich *verunreinigt*, die ich vor euch vertreibe. Und das Land wurde *verunreinigt*, und ich suchte seine Ungerechtigkeit an ihm heim...»

Es muß noch auf ein Argument eingegangen werden, das Laney zur Stützung der gleichen These vorbringt[4]. Ganz wohl scheint ihm nicht gewesen zu sein, als er sich bei der Deutung von *porneia* auf das

Apostelkonzil und damit auf 3. Mose 17 und 18 berief; denn in einer Fußnote schreibt er: «*Es ist ganz unwahrscheinlich, daß die auf dem Jerusalemer Apostelkonzil formulierten Einschränkungen sexuelle Verirrungen wie in 3. Mose 18,19–23 beschrieben, miteinbezogen. Es ging in Jerusalem um die sogenannten ‹Grauzonen›, nämlich Praktiken, die für die Nationen annehmbar waren, aber für die Juden verabscheuungswert. Die in 3. Mose 18,19–23 wären sich von beiden verurteilt worden.*» Diese Erklärung kann aus folgenden Gründen nicht befriedigen:

1. Es war für die Heidenchristen beispielsweise in Korinth nicht nur die Frage inzestuöser Beziehungen ein Problem (wie Laney unter Verweis auf 1. Korinther 5,1 richtig sagt), sondern ebenso die Hurerei im vollsten Wortsinn, wie der gleiche Brief belegt; denn Paulus muß die Korinther vorwurfsvoll fragen, ob sie denn nicht wüßten, daß sie jetzt, da sie Christen geworden sind, nicht mehr zu den Huren gehen konnten (6,15–17). Es stimmt ganz einfach nicht, wenn Laney schreibt, über solche sittlichen Verirrungen «hat es nie eine Frage gegeben». Daher ist Hurerei im umfassenden Sinn mindestens so sinnvoll. Zudem ist es den historischen Gegebenheiten - auf die sich Laney beruft - angemessen, dies letzteres im Gegensatz zur Einschränkung auf Blutschande.

2. Inzest soll angeblich nur den Juden verabscheuungswürdig gewesen sein, den Heiden aber nicht. Das wird durch die Beobachtung, daß im Alten Testament recht ungeniert von möglichen inzestuösen Ehen gesprochen wird, erheblich relativiert (2. Samuel 13,13). Obwohl vom Gesetz verboten, scheinen es die Juden nicht minder nötig gehabt zu haben, an die Sündhaftigkeit der Blutschande erinnert zu werden.

Sodann ist bekannt, daß zumindest den Griechen Inzest als eine der Strafe der Götter würdige Befleckung angesehen wurde. Ohne dieses allgemein vorauszusetzende Wissen ist ein Drama wie König Ödipus vom griechischen Dichter Sophokles gänzlich undenkbar. (Der Seher Teiresias deutet etwas verschlüsselt dem noch ahnungslosen, mit seiner eigenen Mutter Iokaste verheirateten Ödipus seine unreine eheliche Beziehung mit den Worten an: «Nichts ahnend, sag' ich, pflegst du mit den Teuersten *in Schanden* Umgang, tief *im Argen* unversehns.» Im Griechischen steht für das deutsche «Schande» sogar ein Superlativ *aischisthos*, allerschändlichst.)

Es ist überhaupt verfehlt zu denken, die Griechen oder Römer hätten eine entscheidend weniger rigorose eheliche Ethik gekannt als die Juden. Seit klassischer Zeit bestand nicht nur das Verbot für die Ehe Unmündiger, sondern auch Blutsverwandtschaft verunmöglichte die Eheschließung. Mischehen waren ebenso, wenn nicht untersagt, so doch verachtet; die Monogamie war selbstverständlich. Einer römischen Frau war das Attribut *univir* äußerst wichtig: Sie wollte nur *einen* Mann in ihrem Leben gekannt haben. Das Bewußtsein um den Unterschied zwischen einer legitimen und illegitimen Ehe war dem allgemeinen sittlichen Empfinden derart selbstverständlich, daß man im alten Rom letztere nicht Ehe, sondern Konkubinat (lateinisch für «Zusammenschlaf») nannte.

Und schließlich spricht die Behauptung Laneys, *porneia* nur auf Blutschande zu beziehen, gegen sein eigenes Argument. Wäre es sinnvoll, einen Brief mit Anweisungen an *die Heiden* zu schreiben, die angeblich nicht wissen, daß Blutschande auch *porneia* sei, und dann ohne Erklärung dieses Wort in einem so enggefaßten Sinn zu verwenden? Wie hätten die Heiden nur darauf kommen sollen, daß die guten Judenchristen in Jerusalem hier nicht etwa an andere Arten sexueller Ausschweifung dachten, sei es auch die unter Griechen recht bedenkenlos praktizierte Homosexualität oder vor allem die weitherum geübte Kultprostitution (die Paulus gerade im 1. Korintherbrief ebenso *porneia* nennt wie die Blutschande)?

Das Argument, *porneia* bezeichne nur die sittlichen «Grauzonen», läßt sich also keineswegs halten. Wir bedürfen nicht einmal historischen Hintergrundwissens, um das zu erkennen, denn der Apostel Paulus hat es uns selbst ausdrücklich gesagt, daß Blutschande bei den Christen nicht vorkommen sollte, *da es ja nicht einmal bei den Heiden vorkomme* (1. Korinther 5,1).

Es liegt mithin kein Grund vor, wenn die Apostel an 3. Mose 17 und 18 gedacht haben sollten (was ja an sich schon zumindest zu hinterfragen ist), die Verse 19–23 im 18. Kapitel auszuklammern.

Fußnoten

1 *J. Kuberski,* Scheidung und Wiederheirat, was sagt die Bibel? Bibel und Gemeinde 1/1988
2 ebd.
3 *Joachim Cochlovius,* Ich will ihm eine Hilfe schaffen. Biblisches Eheverständnis, Krelingen 1987.
4 *J. Carl Laney,* ... bis der Tod euch scheidet? Dillenburg, 1988

Anhang B

Neu

Griechisch
Das Griechische verwendet im Gegensatz zum Hebräischen oder Deutschen zwei Wörter, um die bereits genannten zwei verschiedenen Bedeutungen von «neu» auszudrücken. Das eine ist *neos*, das andere *kainos*. Ersteres heißt frisch, noch nicht oder nur wenig gebraucht, will sagen, *zeitlich* neu. Der Schüler würde es verwenden, wenn sein Bleistift aufgebraucht ist, und er einen neuen bekommen hat. Der Stift ist *neos*, wohl neu, weil noch nicht gebraucht, aber auch alt, weil es die gleiche Sorte ist, wie seit eh und je. Wechselt nun der Schüler von einem Schuljahr auf das nächste auch die Art des Schreibgerätes und beginnt mit dem Füllfederhalter zu schreiben, dann hält er auch ein neues Schreibgerät in Händen, das aber nicht *neos*, sondern *kainos* ist. Es ist neu von der Art.

So spricht Matthäus 9,17 von Wein, der *neos* ist. Wir würden das vielleicht auch «jungen» Wein nennen. Es ist ganz einfach der neue Jahrgang, sonst aber das altbekannte Getränk. Entsprechend heißt der jüngere von zwei Brüdern *neoteros*, der «neuere» (Lukas 15,12), und die Jugend *neotäs* von *neos*.

Umgekehrt aber lesen wir vom «neuen» Bund, er sei *kainos* (Matthäus 26,28). Er ist nicht lediglich neu, weil er soeben in Kraft getreten ist (obwohl er das anfänglich auch war, weshalb an einer Stelle – in

Hebräer 12,24 - von der *nea diathäkä*, vom neuen Bund im Sinne von jugendfrisch, im Gegensatz zum alten, der gewissermaßen altersschwach geworden war, die Rede ist), sondern er ist vollkommen neuartig, beruht er doch nicht mehr auf Gesetz, sondern auf Gnade.

Entsprechend fragen die Menschen, da sie Jesus öffentlich reden hören, was denn das für eine neue Lehre, *kainä didaskalia* sei (Markus 1,27). Sie war neu im Sinne von andersartig als gewohnt.

Petrus spricht vom neuen Himmel und von der neuen Erde und verwendet das Adjektiv *kainos* und zu sagen, es werde nicht eine renovierte alte, sondern eine vollkommen andersgeartete Schöpfung sein (2. Petrus 3,13). Das gleiche gilt für das neue Jerusalem (Offenbarung 21,2).

Der Galaterbrief spricht wie 2. Korinther 5,17 von einer neuen Schöpfung, an beiden Stellen heißt es *kainä ktisis* (6,15). Der Christ ist eine neue Schöpfung, ein neuer Mensch, etwas, das dem Wesen nach vom alten Menschen verschieden ist. Er ist nicht mehr adamitischer, sondern göttlicher Natur (2. Petrus 1,4).

Der ganze Vers 17 von 2. Korinther 5 lautet: «Ist jemand in Christus, dann ist *kainä ktisis*, neue Schöpfung. *ta archaia*, die alten Dinge, sind vergangen, sie sind *kaina*, neu, geworden.»

Interessant ist auch das Wort *archaios*, alt, das eigentlich «ursprünglich», «vom Ursprung, vom Anfang (*archä*) stammend» bedeutet. Das, was der Mensch von seinem Ursprung her war, ist in Christus vergangen. Er ist nicht mehr in Adam, er ist in Christus. Deshalb steht er nicht mehr unter den ewigen Folgen der Sünde Adams, dem Tod. Er ist neu geworden. *In Christus* ist der Jude nicht mehr Jude, genausowenig wie der Heide in Christus ein Heide ist. Das Alte, von den Vätern Vererbte, ist vergangen.

Nun gibt es aber auch ein anderes Wort für alt: *palaios*, was soviel wie alt an Zeit, verbraucht, bedeutet. Wenn der obengenannte Schüler seinen bis auf einen Stummel heruntergespitzten Bleistift gegen einen neuen eintauscht, dann ist jener verbrauchte *palaios*. An dem Tag aber, da er zum völlig neuartigen Schreibgerät, zum Füllfederhalter, greift, wird der Bleistift im Gegensatz zum neuartigen Gerät *archaios*, der Art nach überholt, passé.

So spricht die Bibel einmal wie in 2. Kor 5 von *ta archaia*, den alten, adamitischen und von den Vätern überkommenen Dingen. Aber in Epheser 4,22 und Kolosser 3,9 lesen wir vom *palaios anthropos*, dem alten Menschen, der abzulegen sei.

Warum heißt es hier nicht *archaios*, sondern *palaios*? Wohl aus folgendem Grund: Der Christ soll und kann durch den Glauben an Jesus Christus seinen bisherigen Lebensstil, sein persönliches altes Leben, seinen persönlichen alten Menschen, der jetzt auch *an sein zeitliches Ende* gekommen ist und abgewirtschaftet hat, ablegen. Das ist eine etwas andere Bedeutung des Alten als die in 2. Korinther 5 genannten *archaia*. So wie jene Stelle von den ererbten, letztlich auf Adam zurückgehenden Dingen spricht, sprechen Epheser 4 und Kolosser 3 von den alten Dingen unseres persönlichen Lebens. In Christus ist offenkundig *beides* abgetan.

Es läßt sich ferner sagen: Wir sind dem alten (*archaios*) Wesen Adams und dem Gesetz *gestorben* (Römer 6,2–6; Römer 7,4; Galater 2,19+20). Die Taten unseres alten (*palaios*) Lebens sind uns hingegen *vergeben* (Epheser 1,7; Kolosser 3,13). Mithin sind wir frei und auch verpflichtet, das neue (*kainos*) Leben, das Leben in Christus, zu ergreifen (1. Timotheus 6,12) und in Neuheit (*kainotäs*) des Lebens (Römer 6,4) zu wandeln; und wir sollen einen neuen (*neos*) Lebensstil leben, als Menschen leben, die neu anfangen durften, als *neoi anthropoi*. Genau das sagt uns Kolosser 3,10. Nachdem uns der Vers 9 gesagt hat, wir sollen den *palaios anthropos*, den alten Menschen, den alten Lebensstil ablegen, fordert uns der Vers 10 auf: «Zieht den *neos*, neuen, Menschen an.» Wir dürfen neu anfangen und einen neuen Lebensabschnitt beginnen.